ALLTAGSFIT MIT KOBOLD FIRLEFANZ

GUTE UMGANGSFORMEN UND ALLTAGSFERTIGKEITEN FÜR KITA-KINDER

Verlag an der Ruhr

Titel
Alltagsfit mit Kobold Firlefanz – Gute Umgangsformen und Alltagsfertigkeiten für Kita-Kinder
Das Praxisbuch

Autorin
Sabine Gottschalk

Titelbildmotiv
Anja Boretzki

Illustrationen
Icons im Innenteil, blaue Punkte und alle weiteren Illustrationen
(wenn nicht anders angegeben): © Anja Boretzki
Zettel mit Pin und große Farbflächen: © Verlag an der Ruhr
Noten und Schere: © Verlag an der Ruhr

Fotos:
(wenn nicht anders angegeben): © Sabine Gottschalk

Druck
AZ Druck und Datentechnik GmbH, Kempten, DE

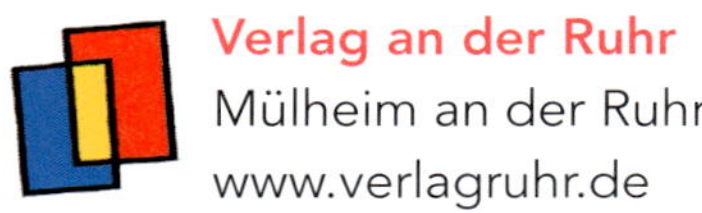
Verlag an der Ruhr
Mülheim an der Ruhr
www.verlagruhr.de

Geeignet für Kinder von 3–6 Jahren

ISBN 978-3-8346-4205-9

INHALTSVERZEICHNIS

WERTE UND SOZIALE UMGANGSFORMEN

UNTERWEGS IN DER WELT

VORWORT

„Was Hänschen nicht lernt, lernt Hans nimmermehr." Dieses alte Sprichwort verweist darauf, dass grundlegende Fähigkeiten und Verhaltensweisen bereits im Kindesalter erlernt und verinnerlicht werden müssen und dass sich diese später nicht mehr oder aber nur sehr schwer nachholen und aneignen lassen.
Doch welche Fähigkeiten sind nun damit gemeint? Auf welche Bereiche sollten Erzieherinnen[1] und Eltern in der Erziehungs- und Bildungsarbeit mit Kindergartenkindern ihr Augenmerk legen und wo können Schwerpunkte gesetzt werden? Ist es wichtig, dass die Kinder mit vier Jahren schon einige Wörter Englisch oder Französisch sprechen? Oder dass Vorschulkinder bereits vor der Schule das Alphabet kennen oder ein Instrument spielen? Egal welche Kompetenzen jeder Einzelne für wichtig hält, bei einem Thema sollten sich doch alle einig sein: Soziale Umgangsformen und Alltagsfähigkeiten, wie sich selbstständig anziehen, sich die Nase putzen oder einen höflichen Umgangston pflegen, gehören definitiv zu den Dingen, die auch schon kleine Kinder lernen und können sollten. Man könnte sie als sogenannte **Grund- oder Basiskompetenzen** bezeichnen.

Heutzutage scheint es, dass diese alltäglichen Fähigkeiten, Fertigkeiten und guten Umgangsformen in der Flut an Bildungsansprüchen zu kurz kommen. Neben all den Bereichen, die uns Bildungs- und Erziehungspläne vorgeben und die inzwischen in unserer Kindergartenarbeit Platz gefunden haben, dürfen wir solche wichtigen Grundkompetenzen nicht vergessen oder anderen Aufgaben unterordnen. Denn gerade diese lebenspraktischen Fähigkeiten sind es, die dazu beitragen, dass Kinder in der Gemeinschaft und in ihrem **Alltag gut zurechtkommen, selbstständig werden und ein positives Selbstbild entwickeln**. Deshalb sollten Sie auch im Kita-Alltag genug Raum zum Erlernen und Trainieren dieser Fähigkeiten schaffen.

Auch den Eltern liegt eine umfassende Förderung ihrer Kinder sehr am Herzen. Sie melden ihr Kind in Turnvereinen, Musikschulen, Kursen und Therapien an. Der Alltag als vielfältiges Lern- und Bildungsfeld wird oft zu wenig beachtet oder kommt aufgrund von Zeitmangel einfach zu kurz. Dabei lernen gerade hier die Kinder fürs Leben. Es bringt wenig, wenn ein Kind rhythmisch auf dem Xylofon spielen kann, aber in Dingen des alltäglichen Lebens und sozialen Miteinanders überfordert ist. Eltern dürfen nicht vergessen, dass **ganzheitliche Bildung auch im Alltag** stattfindet und schon mit den kleinen Dingen des täglichen Lebens beginnt.
Grundlegende Alltagsfähigkeiten helfen den Kindern dabei, ihren Tagesablauf erfolgreich zu meistern und selbstständig zu werden. Und genau das ist es ja, was Kinder möchten. Sie wollen alles allein machen und nicht auf die Hilfe Erwachsener angewiesen sein. Alltagsfähigkeiten tragen bei dem Kind zum Aufbau eines positiven Selbstbildes bei, bestärken es in seiner gesamten Persönlichkeitsentwicklung und erleichtern ihm den Start in die Schule.

Kinder, die **gute Umgangsformen** pflegen, genießen im späteren Leben viele Vorteile gegenüber anderen. Werden Kindern von klein auf diese Verhaltensweisen vorgelebt und beigebracht, können sie diese verinnerlichen und auch als Erwachsene noch darauf zurückgreifen und davon profitieren. Gutes und stilsicheres Verhalten in der Gesellschaft macht das Leben nicht nur leichter, sondern auch freudvoller.

Feste **Verhaltensspielregeln und Rituale rund um diese Grundkompetenzen** tragen zu einer gewissen Ordnung im Alltag bei, sorgen für Selbstverständlichkeit und machen das (Zusammen-)Leben klarer und leichter. Das gemeinsame Festlegen und Besprechen von Regeln mit den Kindern erspart es Ihnen, im Alltag immer wieder die gleichen Diskussionen zu führen. Einmal eingeführte und festgelegte Verhaltensspielregeln und wiederkehrende Rituale geben den Kindern Halt und Orientierung, sorgen bei Ihnen selbst für mehr innere Ruhe und machen den Alltag für alle Beteiligten harmonischer.

[1] Aus Gründen der besseren Lesbarkeit haben wir in diesem Buch durchgehend die weibliche Form verwendet. Natürlich sind damit auch immer Männer gemeint, also Erzieher, Pädagogen und Fachanleiter etc.

Wenn die Kinder Regeln einhalten können und im täglichen Beisammensein untereinander und mit ihren Bezugspersonen höflich und wertschätzend kommunizieren, trägt dies deutlich zu einer angenehmen (Arbeits-)Atmosphäre bei. Können die Kinder bestimmte Alltagsanforderungen selbstständig meistern, sich beispielsweise eigenständig anziehen oder sich im Verkehr und der Öffentlichkeit angemessen verhalten, erleichtert und entspannt das viele Abläufe und Situationen.

Dieses Buch soll Sie bei der Vermittlung dieser Umgangsformen und Alltagsfähigkeiten unterstützen. Sie erhalten fachliches Wissen, didaktische Grundlagen und ein Portfolio an zahlreichen Geschichten, Spielen, Übungen und Trainingsmethoden. Diese beziehen viele weitere Bildungsbereiche mit ein, wie Sprache, Bewegung, Musik oder Naturerfahrung, sodass die Kinder ganzheitlich gefordert und gefördert werden und keine Langeweile aufkommt.

Durch den **„Transfer in den Alltag"** können Sie die Themen wunderbar im Kindergartenalltag einarbeiten und vertiefen und durch Elternbriefe werden ebendiese als wichtige Erziehungspartner informiert, unterstützt und mit einbezogen.

Ziel ist es nicht, dass die Kinder kleine Roboter oder Prinzen und Prinzessinnen werden, sondern vielmehr, dass sie im Alltag gut zurechtzukommen, in ihrer Persönlichkeit gestärkt werden und soziale Umgangsformen kennen und anwenden können, die ihnen helfen, sich in ihrem Umfeld positiv und sicher zu bewegen und einfach leichter durchs Leben zu gehen.

Die Vermittlung all dieser Kompetenzen geschieht überwiegend auf spielerische, kreative und abwechslungsreiche Art und Weise, pädagogisch durchdacht und kindgerecht gestaltet.
Ich hoffe das Buch hilft Ihnen dabei, den Kindern diese oft doch sehr „leidigen" Themen mit Spaß und Freude näherzubringen und den Alltag in Ihrer Kita zu erleichtern und zu bereichern.

Für mehr Lebenslust, statt Alltagsfrust!

Um sich im Buch gut orientieren zu können, erkennen Sie die Art der Angebote jeweils an den folgenden Icons:

Geschichten mit Kobold Firlefanz:

Lieder und Gedichte:

Spiele und Übungen:

Hintergrundinfos und Erklärungen:

Transfer in den Alltag:

PÄDAGOGISCHE ZIELSETZUNGEN

Gutes Benehmen, soziale Umgangsformen und Alltagsfertigkeiten tragen zu einer positiven Persönlichkeitsentwicklung der Kinder bei und lassen sie leichter und freudvoller durchs Leben gehen. Welche pädagogischen Zielsetzungen, Werte, Fähig- und Fertigkeiten Sie durch die Angebote im Buch umsetzen und fördern können, sehen Sie in der Übersicht:

Alltagsfähigkeiten im Blick

- Aufräumen
- einen Knoten machen
- eine Schleife binden
- den eigenen Körper kennen
- den eigenen Namen schreiben
- den eigenen Vor- und Nachnamen kennen
- die eigene Adresse kennen
- Einkaufen
- Hände waschen
- Kleidung richtig und selbstständig anziehen
- Körperpflege
- Müll trennen
- Ordnung halten
- rechts und links unterscheiden
- Richtungen unterscheiden
- selbstständig auf die Toilette gehen
- sich den eigenen Geburtstag merken
- Tisch decken
- Tischsitten und Tischmanieren
- Umgang mit Besteck
- Umgang mit der Natur
- Umgang mit Fremden
- Umweltbewusstsein
- Verhalten im Verkehr
- Verhalten in öffentlichen Verkehrsmitteln
- Verkehrsregeln
- Zähne putzen

Werte und soziale Umgangsformen auf einen Blick

- achtsame, freundliche Umgangsformen
- Akzeptanz
- Ausdrucksfähigkeit
- Begrüßungsrituale
- Dialogfähigkeit
- Ehrlichkeit
- Einhaltung von Regeln
- Empathie
- Fairness
- Freundlichkeit
- Gemeinschaftssinn
- Gerechtigkeit
- Gesprächsregeln
- Hilfsbereitschaft
- Höflichkeit
- Hygieneregeln
- Kennenlernen verschiedener Kulturen
- Kleiderordnung
- Kommunikationsfähigkeit
- Konfliktfähigkeit
- Kontaktfähigkeit
- Körpersprache
- kreative Problemlösung
- lösungsorientiertes Handeln
- Ordnungssinn
- Pünktlichkeit
- Regeleinhaltung
- Regelverständnis
- Respekt
- Rücksichtnahme
- Selbstbewusstsein
- Selbstvertrauen
- Sich Vorstellen
- Solidarität
- Teilen
- Tischmanieren
- Toleranz
- Trösten
- Verabschiedung
- Verantwortungsbewusstsein
- Verlässlichkeit
- Verlieren können
- Werteverständnis
- Wertschätzung
- Zauberwörter
- Zuverlässigkeit

GESCHICHTEN

Die Geschichten rund um den kleinen Kobold Firlefanz bieten einen unterhaltsamen und informativen Einstieg in die Themen Alltagsfertigkeiten, Benimmregeln und soziale Umgangsformen. Sie versorgen die Kinder mit zahlreichen Informationen sowie Tipps, Tricks und Anregungen für ihr eigenes Verhalten.

Die **Hauptfigur**, der kleine Kobold Firlefanz, ist für die Kinder ein sympathischer Begleiter und sorgt für Spaß und gute Laune. Die Themen Regeln, gutes Benehmen und teils schwierige Alltagsfertigkeiten, die oft sehr trocken und negativ behaftet sein können, werden durch die lockere, lustige Art des kleinen Kobolds positiv besetzt, lebendig und unterhaltsam.
Evtl. schaffen Sie sich einen Kobold als Plüschfigur an, um Firlefanz für die Kinder noch lebendiger und im Kindergarten präsenter zu machen.

Die **Handlungen** der Geschichten orientieren sich an der vertrauten und bekannten Lebensumwelt der Kinder. Es werden stets Situationen aufgegriffen, die die Kinder so oder so ähnlich auch selbst aus dem (Kindergarten-)Alltag kennen oder bereits erlebt haben.
Die Kinder können sich mit den Kindergartenkindern aus den Geschichten identifizieren. Dabei wird der Spieß einmal umgedreht. Die Kinder sind nicht diejenigen, die von oben herab belehrt werden, sondern sie selbst sind die Personen, die sich auskennen und Vorbild sind und dem kleinen Kobold helfen, sich in das soziale Umfeld einzufügen und Regeln und Benehmen zu lernen.
In einprägsamen Sprüchen, Gedichten oder Reimen fasst Firlefanz am Ende jeder Geschichte sein neu erworbenes Wissen in kindgerechter, gut merkbarer Form zusammen und vermerkt dieses in seinem kleinen, **goldenen Büchlein**. Vielleicht haben Sie auch Lust, für die Gruppe oder jedes einzelne Kind so ein Buch zu gestalten, um für bleibende Erinnerungen zu sorgen.

Die Erzieherin Linda stellt in den Texten immer wieder **Fragen**, die Sie von den Kindern selbst beantworten lassen können. Lassen Sie Wissen, Vorschläge und Ideen der Kinder immer mit einfließen, bevor Sie weiterlesen. So sind die Kinder aufmerksam, konzentriert und aktiv an der Geschichte beteiligt. Es erfüllt die Kinder mit Stolz, wenn sie ihr vorhandenes Wissen mit einbringen können und so dem sympathischen Kobold weiterhelfen. Beziehen Sie die Kinder, wo es geht, mit ein, stellen Sie Fragen und erkunden Sie die Meinung der Kinder. Lassen Sie die Kinder von ihren Erfahrungen berichten, erarbeiten Sie gemeinsam Regeln oder lassen Sie die Reime ergänzen und wiederholen.

Am **Ende jeder Geschichte** finden Sie einige **Anregungen**, an welchen Stellen Sie die Kinder mit einbeziehen können, welche Fragen Sie stellen können und wie Sie mit den Kindern ins Gespräch kommen.
Der **Einsatz der Geschichten** kann unterschiedlich gehandhabt werden. Sie können die Geschichten z. B. als Einführung lesen, wenn Sie ein bestimmtes Thema aufgreifen oder besprechen möchten. Wenn Sie ein ganzes Projekt rund um Alltagsfertigkeiten und/oder soziale Umgangsformen gestalten, können die Geschichten einen schönen Rahmen bilden und projektbegleitend vorgelesen werden.
Natürlich ist es auch möglich, nur die Geschichten vorzulesen und sich mit den Kindern darüber auszutauschen, ohne im Anschluss spezielle Angebote dazu durchzuführen, z. B. als tägliche Geschichte im Morgenkreis.

Spiele und Übungen

Das (neue) Erlernen von Alltagsfähigkeiten und Regeln des Zusammenlebens kann gerade im Alltag schwierig sein und wird hier schnell negativ besetzt. Oft fehlt die Zeit, Kindern in einer Alltagssituation ausführlich zu erklären, warum ein bestimmtes Verhalten erwünscht ist, oder um den Kindern beispielsweise in der hektischen Anziehsituation in der Garderobe in Ruhe zu zeigen, wie man eine Matschhose am besten anzieht oder ein Schuh gebunden wird. Es lässt sich nicht vermeiden, dass man Kinder im Alltag nur mit kurzen Aussagen zurechtweist „Du hast deine Schuhe falsch herum an, tausche sie bitte um." Oder dass man im Gewusel in der Garderobe den Reißverschluss eines Kindes schnell selbst zumacht, anstatt das Kind in Ruhe anzuleiten und bei seinen Versuchen zu unterstützen.

Die hier beschriebenen Angebote liefern einen Anreiz und die Möglichkeit, diverse **Kompetenzbereiche einmal abseits des Alltagsstresses** bewusst aufzugreifen und zu trainieren.

Die Spiele, Übungen und Aktionen in diesem Buch helfen Ihnen dabei, den Kindern Alltagsfertigkeiten und gute Umgangsformen auf **lustvolle und spielerische Art und Weise** beizubringen, diese zu üben und zu erweitern.

Sicher sind in Ihren **bisherigen Spielen** und Angeboten schon viele Lerninhalte versteckt. Achten Sie doch einmal ganz bewusst darauf, wo Sie im Hinblick auf Umgangsformen und Alltagsfähigkeiten schon aktiv sind, und setzen Sie diese den Kindern vertrauten Angebote gezielt ein, wenn Sie ein bestimmtes Thema behandeln möchten.

Zu jedem Kompetenzbereich finden Sie im Buch zusätzlich neue Anregungen, Vorschläge und Ideen, die Ihre bisherigen Angebote erweitern und die Sie mit den Kindern ausprobieren und umsetzen können. Etwas Ausdauer, Geduld, Disziplin und Konzentrationsfähigkeit von beiden Seiten ist hin und wieder durchaus gefordert, jedoch unterstützen die vielfältigen Aktivitäten Ihre Kinder dabei, verschiedene Alltagsfertigkeiten und soziale Umgangsformen immer auch mit Spaß und Freude zu erlernen und zu erweitern.

Eine angenehme Atmosphäre abseits vom Trubel des Alltags und der spielerische Charakter der Übungen machen Regeln und oft schwierige Aufgaben wortwörtlich zum Kinderspiel. Die Kinder sammeln dabei freudvolle Erfahrungen und erlernen neue Fähigkeiten auf spannende und abwechslungsreiche Art und Weise ganz nebenbei.

Viele Vorschläge eignen sich dazu, ein gewähltes **Thema einzuführen** und neue Dinge auf den Weg zu bringen. Sie können aber auch **im Alltag** immer wieder aufgegriffen und eingesetzt werden, z. B. können neue Spiele fester Bestandteil im Stuhlkreis oder der Bewegungsstunde werden und Gedichte oder Lieder auch einfach mal zwischendurch vorgelesen oder gesungen werden.

Um die Erfahrungen und Fortschritte der Kinder zu dokumentieren, können (und sollen) Sie **Portfolioseiten** entwerfen oder Fotos der Kinder anfertigen. Diese sorgen für eine schöne, bleibende Erinnerung, machen Lernfortschritte transparent und anschaulich und bestärken den Erfolg der Kinder.

Um erlernte Regeln, wie z. B. Tisch- und Gesprächsregeln oder Abläufe beim Zähneputzen, Händewaschen etc., für die Kinder anschaulich zu machen, finden Sie für diese Inhalte Bildvorlagen, die Sie kopieren können. Diese kindgerecht gestalteten Aushänge bieten den Kindern im Alltag Orientierung und verhelfen ihnen zum korrekten Vorgehen sowie zu mehr Selbstständigkeit.

PROJEKTARBEIT

Die im Buch vorhandenen Geschichten, Spiele und Übungen eignen sich hervorragend, um daraus ein ganzes Projekt zu gestalten. Überlegen Sie sich vorab (mit ihrem Team), wie Sie Ihr Projekt umsetzen möchten:

Themen: Welchen Themen sollen den Inhalt des Projektes bilden? Sollen überwiegend Benimmregeln und soziale Umgangsformen oder lieber Alltagsfähigkeiten im Vordergrund stehen? Picken Sie nur einzelne Themen heraus oder möchten Sie über einen längeren Zeitraum alle Themen aufgreifen?

Titel: Überlegen Sie sich einen Titel oder Slogan, der Lust auf Ihr Projekt macht. „Fit im Alltag", „Gutes Benehmen ist nicht von gestern", „Mit Firlefanz gutes Benehmen und Alltagsfertigkeiten erlernen" oder „Kinderknigge kinderleicht" könnten als Titel für Ihr Projekt dienen.

Zielgruppe: Welche Kinder dürfen am Projekt teilnehmen? Beteiligen Sie nur die Vorschulkinder oder nur die neuen Kinder? Bieten Sie das Projekt für eine Kleingruppe oder für die ganze Gruppe an? Wie und in welcher Form möchten Sie die Eltern beteiligen? Führen Sie das Projekt allein durch oder beteiligen Sie Ihre Kolleginnen daran?

Zeitlicher Rahmen: Überlegen Sie, wann und in welchem zeitlichen Rahmen Sie das Projekt anbieten möchten. Gibt es tägliche, wöchentliche oder monatliche Einheiten? Wählen Sie das Thema als Jahresthema, kann es das ganze Kindergartenjahr über fortgeführt werden. Oder Sie machen eine Projektwoche oder ein Nachmittagsprojekt daraus. Die Fülle an Themen und Ideen bietet Ihnen viele Möglichkeiten.

Umsetzung: Überlegen Sie, wie Sie das Projekt umsetzen möchten. Sie können z. B. jede Einheit mit dem Vorlesen der dazugehörigen „Firlefanz-Geschichte" beginnen und über diese mit den Kindern ins Gespräch kommen. Dann führen Sie einige Spiele und Übungen durch. Lassen Sie daraus entstandene Regeln (in Form von Plakaten etc.) in den Alltag mit einfließen, bereichern Sie die Freispielsituation mit relevanten Materialien und halten Sie die Eltern durch die Elternbriefe, Aushänge und Fotos auf dem Laufenden. Dokumentieren und fotografieren Sie einzelne Lerneinheiten und halten Sie Erfolge im Portfolio der Kinder fest. Wählen Sie selbst, welche Bereiche Ihnen besonders wichtig sind und wie umfassend Sie das Projekt gestalten möchten.

Marketing: Machen Sie Werbung für Ihr Projekt. Informieren Sie die Eltern in einem Elternbrief über Ihr Vorhaben und berichten Sie davon bei Kooperationstreffen, auf Ihrer Homepage, in Ihrer Gemeinde oder im Stadtmagazin. Mit Sicherheit werden Sie viel positives Feedback erhalten, denn die Meinung, dass genau diese Alltagsfähigkeiten „in der heutigen Zeit" neben zahlreichen Kursangeboten von Frühenglisch bis Kinderpilates zu kurz kommen, ist weit verbreitet. Das Bewusstsein darüber, dass das Beibringen all dieser Kompetenzen sowieso einen wichtigen, täglichen Bestandteil Ihrer Arbeit darstellt, ist bei vielen oft nicht vorhanden. Deshalb lohnt es sich umso mehr, all diese Bereiche einmal gezielt in einem Projekt aufzugreifen und dies auch dementsprechend darzustellen und zu vermarkten.

TRANSFER IN DEN ALLTAG

Damit Kinder gutes Benehmen und Alltagsfertigkeiten nicht nur kennenlernen, sondern auch verinnerlichen und üben können, sind ständige Wiederholungen und zahlreiche Übungssituationen notwendig. Von daher spielt der Transfer in den Alltag auch im Kindergarten eine große Rolle. Dieser zählt zu den Übungs- und Betätigungsfeldern, in denen die Kinder gutes Verhalten vorgelebt bekommen, wo sie sich ausprobieren und Erfahrungen sammeln können, Fehler machen dürfen und lernen.
Sicherlich finden Sie unter diesen Hinweisen viele Punkte, die Sie in Ihrer langjährigen Arbeit so oder so ähnlich schon vorleben und umsetzen. Dann sehen Sie diese einfach als Bestätigung und Anerkennung Ihrer bisherigen Vorgehensweisen. Bestimmt werden aber auch ein paar neue Ideen und Anregungen darunter sein, die Ihre bisherigen Vorgehensweisen und Angebote noch ergänzen und bereichern können. Gerade junge Erzieherinnen, Kinderpflegerinnen, Berufs- oder Quereinsteigerinnen können hier wertvolle Tipps sammeln, wie und wo Alltagsfertigkeiten und Umgangsformen im täglichen Ablauf trainiert werden können. Sie erfahren Hintergründe zu bereits bestehenden Strukturen und können diese mit Erziehungszielen verknüpfen.

Beachten Sie im alltäglichen Ablauf stets folgende Punkte:

- Grundsätzlich ist es im Alltag enorm wichtig, dass Sie stets als **Vorbild** für die Kinder fungieren. Wenn Sie z. B. selbst bei der morgendlichen Begrüßung das Kind nicht anschauen und nur ein schlecht gelauntes „Guten Morgen" von sich geben, können Sie vom Kind nicht verlangen, dass es Ihnen in die Augen schaut und freundlich grüßt. Ihr Verhalten und der Anspruch an das Kind sind dann widersprüchlich und das kann dazu führen, dass sich das Kind an Ihrem Verhalten orientiert und es selbst auf lange Sicht übernimmt. Sind Sie hingegen ein positives Vorbild und leben den Kindern vor, wie man sich höflich verhält, wird das Kind Ihre positiven Handlungen wahrnehmen und nachahmen.
- Üben Sie sich, auch im oft stressigen Alltag, in **Geduld**. Es ist nicht selbstverständlich, dass Kinder im Alltag immer angemessen reagieren und dass besprochene und vorgezeigte Fähigkeiten sofort funktionieren. Diese Verhaltensweisen und Fertigkeiten stellen die Kinder vor zahlreiche Herausforderungen. Nicht nur die Kenntnis darüber, auch Selbstbeherrschung, Disziplin, Ausdauer, kognitive, sprachliche oder motorische Fähigkeiten werden den Kindern dabei abverlangt und diese müssen eben erst erlernt und durch ständige **Wiederholung** trainiert und gefestigt werden. Manche Dinge gelingen schneller, z. B. danke zu sagen, wenn man ein Geschenk bekommt, während andere immer wieder in Erinnerung gerufen werden müssen: „Wir haben doch vereinbart, dass wir uns melden, wenn wir etwas sagen möchten." Bleiben Sie stets authentisch und konsequent, ebenso aber auch geduldig und gelassen, wenn etwas nicht auf Anhieb funktioniert und mehr Zeit und Wiederholung nötig ist.
- **Loben** Sie die Kinder für positives Verhalten und Erfolge. Gerade bei den Themen Höflichkeit oder Alltagskompetenzen neigen wir dazu, nur das Negative zu sehen, es zu korrigieren oder ungeduldig zu werden: „Es heißt, kann ich BITTE noch etwas Wackelpudding haben." oder „Kannst du deine Jacke immer noch nicht selbst anziehen?" Bleiben Sie selbst höflich und wertschätzend dem Kind gegenüber, tadeln Sie nicht (nur) das Ausbleiben von erwünschtem Verhalten, sondern loben Sie das Kind immer wieder für vorbildliches Verhalten und sprechen Sie Erfolge an. „Ich finde es schön, dass du heute ‚bitte' gesagt hast. Du kannst gerne noch eine Portion Wackelpudding haben." oder „Es ist wirklich klasse, dass du deine Jacke jetzt schon ganz allein anziehen kannst." Die Kinder sollen diese Themen nicht mit negativen Assoziationen und Misserfolgen in Verbindung bringen, sondern bewusst Erfolgserlebnisse wahrnehmen und Anerkennung erfahren, sodass die Motivation und der Spaß an der Sache nicht verloren gehen.

TRANSFER ZU DEN ELTERN

Erziehung ist in erster Linie Elternsache. Das ist ganz klar. Die Eltern sind die **wichtigsten Bezugspersonen** und Vorbilder für ihre Kinder, auch und gerade, wenn es um das Erlernen von Alltagsfähigkeiten und gutem Benehmen geht.

Eltern, die selbst **gute Vorbilder** sind und in ihrer Erziehung Wert auf Selbstständigkeit und gutes Benehmen legen, werden ihre Kinder positiv beeinflussen und zu eigenständigen, höflichen Menschen erziehen. Legen Eltern weniger Wert auf diese Verhaltensweisen und Fähigkeiten oder nehmen sie sich nicht genug Zeit, diese ihren Kindern zu vermitteln, wirkt sich das auf das Verhalten und ggf. später auch auf die Persönlichkeit des Kindes aus. Es kann dann Unsicherheiten oder negative Auffälligkeiten in seinem Verhalten aufweisen oder mit den täglichen Alltagsanforderungen überfordert sein.
Nicht immer liegt es aber an der Nachlässigkeit der Eltern, wenn sich Kinder schlecht benehmen oder unselbstständig sind. Oft geraten Eltern bei der Erziehungsarbeit in diesen wichtigen Bereichen auch an ihre **Grenzen** und sind ratlos oder überfordert, z. B. wenn sich das Kind im Supermarkt heulend auf den Boden wirft, weil es den gewünschten Schokoriegel nicht bekommt, oder wenn das Kind trotz mehrfacher Erklärung und Übung noch immer nicht den Reißverschluss seiner Jacke schließen kann. Hier benötigen die Eltern oft einfach ein wenig Unterstützung, Rat oder Rückendeckung.

Für eine gute und gelingende **Erziehungspartnerschaft** mit den Eltern ist es wichtig, mit diesen bei der Erziehung der Kinder an einem Strang zu ziehen. Nur wenn alle an der Erziehung des Kindes beteiligten Personen die gleichen Ziele verfolgen, werden diese für die Kinder verständlich und die Umsetzung zur Selbstverständlichkeit. Wenn das Kind z. B. zu Hause beim Essen die Füße auf dem Stuhl haben darf, ist es schwierig, dem Kind zu vermitteln, dass im Kindergarten dieses Verhalten nicht erwünscht ist. Ein regelmäßiger Austausch und eine gute Kooperation bei Erziehungsfragen geben dem Kind eine klare Linie, Orientierung und Sicherheit und verstärken den Erfolg. Von daher ist es wichtig, dass nicht nur die Kinder lernen, sondern auch die Eltern mit einbezogen und weitergebildet werden. Aus diesem Grund gibt es im Buch bei wichtigen Themen immer auch Elternbriefe. Dadurch werden die Eltern mit ins Boot geholt. Sie erfahren, welches Thema gerade im Kindergarten aktuell ist, und können auch zu Hause mit ihrem Kind darüber sprechen und das Thema praktisch aufgreifen. Die Eltern erhalten Anregungen und nützliche Tipps, wie sie ihrem Kind gutes Benehmen und Alltagsfertigkeiten beibringen können, wo sie ihre Kinder einbeziehen, fordern und fördern können und wie Probleme vermieden oder gelöst werden können.

Die **Elternbriefe** bieten darüber hinaus eine Anregung, mit Eltern über die einzelnen Themen ins **Gespräch** zu kommen und sich auszutauschen. Was kann das Kind schon? Was funktioniert im Kindergarten besser als zu Hause oder umgekehrt? Wo besteht noch Handlungsbedarf? Wobei können wir das Kind noch unterstützen? Im lockeren Austausch oder einem vereinbarten Elterngespräch können diese Fragen gemeinsam besprochen und geklärt werden.

EINFÜHRUNGSGESCHICHTE: EIN KOBOLD IM KINDERGARTEN

Ein lauter Knall sorgte im Kindergarten „Regenbogen" für große Aufregung. Wie bei einer Explosion erschien mitten im Gruppenraum eine große, grau glitzernde Rauchwolke. Erst als sich diese langsam lichtete, erkannten die Kinder darin einen kleinen Kobold mit leuchtend grünen Haaren, der wild auf und absprang und dabei begeistert in die Hände klatschte. „Tadaaa, ich bin da! Könnt ihr mich alle sehen?", rief der Kobold, der nicht größer war, als ein Gartenzwerg. Er verzog sein Gesicht zu lustigen Grimassen und streckte die Zunge heraus, während er die Kinder anblickte.

„Ja, wir können dich sehen", bestätigte Theo, der älteste Junge aus der Gruppe. „Das ist fein, so soll es sein", kicherte der Kobold. „Normalerweise bin ich nämlich unsichtbar. Aber ich lebe jetzt schon so lange hier im Kindergarten und immer nur unsichtbar zu sein und im Verborgenen meine Streiche zu spielen, ist mir auf die Dauer zu langweilig. Ich kann doch eine Zeit lang bei euch bleiben?"

Die Kinder hatten den kleinen Wicht sofort ins Herz geschlossen. Sie nickten und lächelten dem Kobold zu. Nur Linda, die Erzieherin, war skeptisch. „Ich bin mir nicht sicher", sagte sie zögerlich. „Als Kobold hast du bestimmt viel Unfug im Kopf. Hier im Kindergarten gibt es Regeln und Verhaltensweisen, an die sich alle halten müssen."

„Regeln?", wiederholte der kleine Kobold und schaute fragend in die Runde.

„Regeln sind Vorschriften, die uns erklären, wie wir uns verhalten sollen, damit sich jeder im Kindergarten wohlfühlt. Zum Beispiel strecken wir niemandem die Zunge raus", erklärte Linda.

„Zunge rein, das kann doch jedes Schwein", witzelte der Kobold und presste demonstrativ die Lippen aufeinander, woraufhin die Kinder kicherten und Linda tadelnd den Kopf schüttelte.

„Bitte, darf er bei uns bleiben, er ist so süß", bettelte die kleine Lotti, ein junges Mädchen mit zwei blonden Zöpfen. Und Theo fügte hinzu. „Wir werden ihm dabei helfen, alles zu lernen, was er können muss. Regeln, gutes Benehmen und so."

Der kleine Kobold schaute Linda mit hoffnungsvollen Augen an. „Einverstanden. Ihr versprecht, ihm dabei zu helfen, sich bei uns einzuleben", sagte sie an die Kinder gewandt, worauf diese eifrig nickten. „Und du versprichst, dass du dir Mühe gibst, unsere Regeln zu lernen, und dass du keinen Unfug treibst."

„Ich verspreche es", sagte der Kobold feierlich und fügte nach kurzer Pause nachdenklich hinzu. „Hm, was bedeutet ‚versprechen'?"[1]

„Versprechen bedeutet, dass du das, was du sagst, auch wirklich tun wirst. Wenn du etwas versprochen hast, ist deine Zusage verbindlich, es gibt also kein Zurück."

„‚Versprochen' ist versprochen und wird auch nicht gebrochen", ergänzten die Kinder im Chor.

Der kleine Kobold klatschte begeistert in die Hände: „Oh, ein Reim, das ist fein, das kann ich mir merken."

„Also abgemacht?", fragte Linda streng und hielt dem Kobold die Hand entgegen.

„Versprochen!", rief der Kobold eifrig und klatschte Lindas Hand ab, anstatt ihr seine zu reichen und das Versprechen so zu besiegeln.

Linda seufzte: „Da kommt eine Menge Arbeit auf uns zu."

Die Kinder hingegen waren glücklich, dass der lustige Wicht bei ihnen bleiben durfte, und auch der kleine Kobold freute sich. Er nahm sich vor, sich ganz gut anzustrengen und alles umzusetzen, was ihm die Kinder beibrachten. „Alles, was ich von euch lerne, werde ich hier notieren", sagte der Kobold und zeigte ein goldschimmerndes Büchlein. „Damit ich auch nichts vergesse." Er zückte einen kleinen Stift und kritzelte auf die erste Seite:

„Versprochen ist versprochen und wird auch nicht gebrochen."[2]

[1] Lassen Sie die Kinder erklären, was „versprechen" bedeutet.

[2] Lassen Sie den Satz von den Kindern wiederholen.

LIED: JEDEN TAG LERNEN WIR IMMER MEHR

Melodie: trad. (Hab ne Tante aus Marokko), Text: Sabine Gottschalk

Dieses Lied können Sie mit den Kindern während eines Projektes immer wieder singen.
Sie können, wenn Sie möchten, nach und nach die einzelnen Strophen dazunehmen, wenn Sie das entsprechende Thema behandeln. Wenn Sie die Strophen zu den bereits vorher durchgenommenen Themen dann jedes Mal mitsingen, werden die auch erneut ins Gedächtnis gerufen.

2. Jeden Tag lernen wir immer mehr,
Tischmanieren falln uns gar nicht schwer.
Wolln nicht schlürfen und nicht schmatzen
und nicht schlabbern wie die Katzen.
Jeden Tag lernen wir ein bisschen mehr.

3. Jeden Tag lernen wir immer mehr,
unser Alltag fällt uns gar nicht schwer,
Zähneputzen, Hände waschen
können wir schon selber machen.
Jeden Tag lernen wir ein bisschen mehr.

4. Jeden Tag lernen wir immer mehr,
andren helfen fällt uns gar nicht schwer.
Wollen stets die Wahrheit sagen,
beim Verliern uns nicht beklagen.
Jeden Tag lernen wir ein bisschen mehr.

5. Jeden Tag lernen wir immer mehr,
sind schon sicher im Straßenverkehr.
Bleiben an der Ampel stehen,
ist sie grün, dürfen wir gehen.
Jeden Tag lernen wir ein bisschen mehr.

6. Jeden Tag lernen wir immer mehr,
Kobold Firlefanz, nun schau gut her.
Wir wolln gerne mit dir lachen,
zeigen dir ganz viele Sachen.
Jeden Tag lernen wir ein bisschen mehr.

SPRACHE UND KOMMUNIKATION

Sich vorstellen

Geschichte: Firlefanz stellt sich vor

Linda läutete das Glockenspiel und rief alle Kinder zusammen, damit sie sich im Morgenkreis versammeln. Die Kinder setzten sich im Kreis auf den großen Bauteppich und auch der kleine Kobold nahm Platz.
„Wir haben heute einen neuen Besucher in unserer Gruppe. Es wäre schön, wenn du dich einmal vorstellst", sagte Linda an den Kobold gewandt.
„Vorstellen", murmelte der Kobold. „Alles klar. Dann stelle ich mich jetzt vor dich", sagte der Kobold und stellte sich Linda gegenüber. „Und dann vor dich", fuhr er fort und stellte sich vor Lotti. „Und dann vor…" „Halt, stopp!", unterbrach Linda den Kobold.[1] „Mit ‚vorstellen' meine ich, dass du uns sagst, wer du bist, wie du heißt und uns etwas über dich erzählst." Der Kobold nahm verlegen wieder seinen Platz ein. „Theo, kannst du einmal zeigen, wie man sich richtig vorstellt?", fragte Linda.[2] „Immer darf Theo alles machen", beschwerte sich Felix, der Junge mit dem roten Lockenkopf. „Also gut, Felix, dann zeig du einmal, wie man sich richtig vorstellt", forderte Linda. Felix nickte und sagte: „Hallo. Ich heiße Felix. Ich bin fünf Jahre alt und schon ein Vorschulkind."
Der kleine Kobold verstand nun, was mit „vorstellen" gemeint war, und ergriff das Wort. „Hallo, mein Name ist Firlefanz und ich bin ein Kobold", sagte er und schaute Linda unsicher an. Diese lächelte ihm aufmunternd zu. „Ich bin schon viele Jahre alt, so viele, dass ich sie gar nicht zählen kann. Wie ihr vielleicht wisst, wohnt in jedem Haus und sogar auch auf jedem Schiff ein Kobold. Normalerweise sind wir für die Menschen unsichtbar, aber wenn wir wollen, können wir eine sichtbare Gestalt annehmen. Wir treiben gerne Schabernack und spielen auch oft Streiche. Aber eigentlich sind wir ganz liebe Gestalten und geben auf die Menschen in unserem Haus immer gut acht."
„Das hast du toll gemacht", lobte Linda den Kobold und forderte nun auch die anderen Kinder auf, sich bei Firlefanz vorzustellen und ihren Namen und ihr Alter zu nennen.[3]
„Wenn man also neu in einer Gruppe ist, stellt man sich den anderen vor", sagte Linda abschließend. „Kennt jemand noch andere Situationen, in denen man sich vorstellt?"[4]
Theo erzählte, dass er kürzlich die Schule besucht hat, in die er nächstes Jahr gehen wird. „Dort habe ich der Lehrerin die Hand gegeben und mich vorgestellt."
„Da hat sich die Lehrerin bestimmt gefreut", vermutete Linda. „Wenn man ans Telefon geht, stellt man sich auch vor", rief Felix dazwischen. „Das ist richtig Felix. Aber melde dich doch bitte beim nächsten Mal, wenn du etwas sagen willst", tadelte Linda. Firlefanz passte gut auf und kam mit dem Schreiben in sein Büchlein kaum hinterher.

„Ist mir jemand unbekannt,
stell ich mich vor und reich die Hand",

kritzelte er auf die zweite Seite. Er überlegte kurz und schrieb dann weiter:

„Hält man das Telefon ans Ohr,
stellt man sich erst einmal vor."[5]

[1] Fragen Sie die Kinder, was Firlefanz wohl falsch gemacht hat.

[2] Fordern Sie ein Kind auf, sich einmal selbst vorzustellen.

[3] Fordern Sie die Kinder auf, sich der Reihe nach einmal kurz bei Firlefanz vorzustellen. (Zum „Sich-Vorstellen" gehört immer zuallererst, dass man seinen Namen nennt. Je nach Situation nur den Vornamen oder den Vor- und Nachnamen und evtl. zusätzlich das Alter oder weitere, relevante Informationen).

[4] Überlegen Sie gemeinsam mit den Kindern Situationen, in denen man sich seinem Gegenüber vorstellt, z. B. wenn man neu in eine Gruppe kommt (Kindergarten, Turnverein, Flötengruppe etc.).

[5] Lassen Sie die Kinder das Reimwort in den Sätzen ergänzen und die Reime ggf. nachsprechen.

SPIELE ZUM THEMA „SICH VORSTELLEN"

Hatschi-Patschi

Die Kinder sitzen im Stuhlkreis. Ein Kind wird ausgewählt und verlässt den Raum. Sein Stuhl wird aus dem Kreis entfernt. Wählen Sie ein Kind aus, das den Hatschi-Patschi (alternativ „Firlefanz") spielen darf. Nun klatschen alle Kinder in die Hände als Zeichen, dass das Kind außerhalb der Gruppe wieder in den Raum kommen darf.
Dieses Kind geht nun auf ein beliebiges Kind im Kreis zu, schaut es an, gibt ihm die Hand und sagt: „Hallo ich heiße … (Name) und wer bist du?" Daraufhin nennt das angesprochene Kind seinen Namen, z.B. „Ich heiße Sarah." Das Kind geht nun reihum weiter und begrüßt alle Kinder auf die genannte Weise. Wird das Kind, das zum Hatschi-Patschi bestimmt wurde, begrüßt, antwortet dieses nicht mit seinem Namen, sondern mit: „Ich heiße Hatschi-Patschi!" Daraufhin springen alle Kinder blitzschnell auf und jedes sucht sich einen neuen Platz. Das Kind, das keinen freien Platz mehr gefunden hat, verlässt nun den Raum und das Spiel beginnt von vorn.

Wer bist du?

Setzen Sie sich mit den Kindern in einen Kreis. Nehmen Sie ein Plüschtier (oder Plüschkobold Firlefanz) und geben Sie diesem einen Namen. Stellen Sie den Kindern das Plüschtier vor. „Ich bin Tobi und ich habe ein weiches Fell." Nun stellen Sie sich selbst bei Tobi vor, indem Sie Ihren Namen und eine persönliche Eigenschaft oder ein besonderes Erkennungsmerkmal nennen. Sagen Sie z. B. „Ich bin Linda und ich bin sehr neugierig." oder „Ich heiße Linda und ich habe eine rote Brille."
Nun sollen sich die Kinder der Reihe nach auf ähnliche Weise bei dem Plüschtier vorstellen. Jedes Kind soll sich ein Merkmal oder eine Eigenschaft überlegen, die es auszeichnet. Dies kann das Alter sein, ein optisches Merkmal, eine besondere Fähigkeit, usw. Geben Sie zu Beginn des Spieles einem älteren Kind das Plüschtier und lassen Sie es sich vorstellen. Im Anschluss darf das Kind das Plüschtier einem anderen Kind geben.

Das Spiel fordert die Kinder auf, über sich selbst nachzudenken und etwas von sich zu erzählen. Da das Plüschtier der eigentliche Zuhörer ist, fällt es auch schüchternen Kindern leichter, etwas zu sagen. Das Spiel eignet sich insbesondere auch zum gegenseitigen Kennenlernen.

Das Telefon-Spiel

Überlegen Sie mit den Kindern eine Begrüßungsformel, die sie am Telefon sagen, z. B. „Hallo, hier spricht die Amelie". Wenn die Kinder bereits ihre Nachnamen kennen, können sie sich auch mit Vor- und Nachnamen melden, z. B. mit „Amelie Müller". Für dieses Spiel benötigen Sie das Kindergartentelefon sowie ein Handy. Eine Ihrer Kolleginnen verlässt den Raum und ruft vom Handy aus auf dem Kindergartentelefon an. Ein Kind darf nun ans Telefon gehen und sich mit seiner Begrüßung melden. Ihre Kollegin antwortet am anderen Ende wie folgt: „Hallo, hier ist die … (eigener Name). Kann ich bitte die/den … (Namen eines anderen Kindes aus der Gruppe) sprechen?" Das Kind antwortet daraufhin mit „Einen Moment bitte!", und übergibt das Telefon an das zuvor genannte Kind. Dieses sagt nun die Begrüßung auf und es wird ein weiteres Kind verlangt.
Nach mehreren Durchgängen sagt die Kollegin, dass sie nun niemanden mehr sprechen möchte, und verabschiedet sich. Das letzte Kind verabschiedet sich ebenfalls mit einem „Tschüss" und legt auf.
Bei diesem einfachen, aber sehr beliebten Spiel lernen die Kinder, ins Telefon zu sprechen und sich hier richtig mit ihrem Namen zu melden.

TRANSFER IN DEN ALLTAG

Um sich richtig vorzustellen, müssen die Kinder zuerst einmal ihren Namen kennen. Der eigene Vorname ist den Kindern selbstverständlich bekannt, der Nachname kann im Alltag immer wieder bei kleinen Aktionen im Morgen- oder Stuhlkreis oder bei kleinen Spielen zwischendurch aufgegriffen und so gelernt werden.

- Wenn sie im Morgenkreis z. B. die Anwesenheitsliste durchgehen, lesen Sie laut den Vornamen des ersten Kindes vor. Dieses soll nun seinen Nachnamen nennen. Weiß es diesen nicht, lesen Sie diesen laut vor und lassen ihn vom Kind wiederholen. Dann ist das nächste Kind an der Reihe usw.
  Sie können die Sache auch einmal umdrehen und den Nachnamen nennen. Das Kind, dass seinen Nachnamen erkennt, sagt dann seinen Vornamen.
- Lassen Sie den Vornamen (evtl. auch den Nachnamen) von den Kindern der Reihe nach im Silbenrhythmus klatschen.
- Nehmen Sie einen Ball und nennen Sie den Vornamen eines Kindes. Dieses klatscht die Silben seines Namens, z. B. „A-me-lie". (Hat das Kind falsch geklatscht, klatschen Sie gemeinsam mit dem Kind den richtigen Silbenrhythmus). Werfen oder rollen Sie dem Kind den Ball zu. Dieses ruft nun den Namen eines anderen Kindes, welches daraufhin seinen Namen im Silbenrhythmus klatscht und dann den Ball erhält. Das Spiel endet, wenn jedes Kind einmal an der Reihe war.

BEGRÜSSUNG UND VERABSCHIEDUNG

GESCHICHTE: FIRLEFANZ BEGRÜSST DIE KINDER

Nachdem sich alle Kinder vorgestellt hatten, sangen die Kinder ihr Begrüßungslied. Firlefanz hörte dabei gespannt zu und wippte im Rhythmus der Musik.
„Das war toll!", jubelte er, als das Lied zu Ende war. „So begrüßt ihr euch also. Also, bei mir ist das anders, ich mache den Firlefanz-Begrüßungstanz." Der kleine Kobold stellte sich in die Mitte und drehte sich wie wild im Kreis, er sprang in die Luft, stampfte mit den Füßen und wedelte hektisch mit den Händen. „Fir-le-fanz-Be-grü-ßungs-tanz", rief er atemlos, als er seine Vorführung beendet hatte.
„Nun ja", sagte Linda. „Das ist also deine Form der Begrüßung. Bei uns ist es etwas anders.[1] Wir sagen normalerweise ‚Guten Morgen', ‚Guten Tag', ‚Hallo' oder ‚Guten Abend'. Wir reichen uns dabei die rechte Hand und schauen uns in die Augen. Schön ist es auch, wenn wir unser Gegenüber dabei anlächeln. Willst du es einmal versuchen?"
„Klarifari!", erwiderte Firlefanz. Er stand auf und ging auf Linda zu. Er streckte ihr seine rechte Hand entgegen, schaute ihr dabei in die Augen, grinste breit und sagte: „‚Guten Abend', Linda!"
Die Kinder kicherten und Theo erklärte dem kleinen Kobold: „Guten Abend, sagt man natürlich nur, wenn es auch wirklich Abend ist. Pass auf!" Der Junge stand auf, ging auf den Kobold zu, reichte ihm seine rechte Hand und schaute in seine großen Augen. „Guten Morgen, Firlefanz", sagte er mit einem sanften Lächeln auf den Lippen. „Guten Morgen, Theo", erwiderte der Kobold freundlich. Reihum begrüßte Firlefanz nun alle Kinder auf die neu erlernte Weise.[2] Als er fertig war, erklärte ihm Felix, dass es im Kindergarten eigentlich ausreicht, nur die Erzieherin mit Handschlag zu begrüßen. Bei den Kindern untereinander reichte auch schon ein freundliches „Hallo".
„Uppsiduppsi, so ist das also, verstehe", sagte der Kobold.

„‚Guten Mooorgen' sagt man am Mooorgen,
‚Guten Taaag' taaagsüber und ‚Guten Aaabend' am Aaabend.
Und ein freundliches ‚Hallo',
das macht alle Kinder froh!"

Firlefanz kramte seinen Stift heraus und vermerkte die Worte sogleich in seinem goldenen Büchlein. Linda fragte die Kinder, wer Firlefanz erklären kann, wie man sich am Ende des Kindergartentages richtig verabschiedet.[3] Amelie, ein 4-jähriges Mädchen, meldete sich zu Wort: „Wenn wir von unseren Eltern abgeholt werden, gehen wir zu Linda, geben ihr wie bei der Begrüßung die Hand und sagen ‚Tschüss, bis morgen', oder ‚auf Wiedersehen'."
„Tschüss, bis morgen, auf Wiedersehen, dann kann ich nach Hause gehen", reimte Firlefanz. „Wobei, mein Zuhause ist ja der Kindergarten", fügte er kichernd hinzu.

[1] Fragen Sie die Kinder, welche Formen der Begrüßung sie kennen, welche Begrüßungsworte bekannt sind und wen sie auf welche Art und Weise begrüßen.

[2] Begrüßen Sie die Kinder reihum mit Handschlag, Blickkontakt und einer Begrüßungsformel und lassen Sie die Begrüßung vom Kind erwidern. Wenn Sie einen Plüschkobold haben, kann dieser die Kinder begrüßen.

[3] Fragen Sie die Kinder, wie sie sich im Kindergarten verabschieden, und lassen es sich ggfs. von einem Kind vormachen.

Spiel zum Thema „Begrüßung und Verabschiedung"

Einführung

Suchen Sie sich einige Begrüßungsrituale aus (siehe nächste Seite) und stellen Sie diese den Kindern vor. Entscheiden Sie nach eigenem Ermessen, ob Sie nur den weit verbreiteten Handschlag und jeweils eine entsprechende Grußformel („Bonjour", „Hola", „Ni Hao" etc.) einsetzen oder die landestypischen Gesten (Wangenkuss, Umarmung, Verbeugung etc.) mitverwenden möchten.
Stellen Sie sich mit den Kindern in einen Kreis, nennen Sie ein Land und machen das entsprechende Begrüßungsritual mit der passenden Grußformel vor. Nun begrüßen Sie das Kind links neben sich auf diese Weise. Das Kind begrüßt Sie ebenso und wendet sich dann seinem linken Nachbarn zu, den es auf gleiche Weise grüßt.
Haben sich alle im Kreis begrüßt, dürfen die Kinder frei durch den Raum laufen. Immer wenn sich zwei Kinder begegnen, bleiben sie voreinander stehen und begrüßen sich mit dem entsprechenden Ritual oder Grußwort.
Auf diese Weise führen Sie weitere Begrüßungsformen aus anderen Ländern ein. Bei der deutschen Begrüßung können Sie zusätzlich die Tageszeit hinzufügen, z. B. „Begrüßung am Morgen in Deutschland" woraufhin die Kinder sich mit „Guten Morgen" und Handschlag begrüßen.
Natürlich kann das Spiel auch mit Abschiedsformeln gespielt werden.

Durchführung

Wenn den Kindern einige Begrüßungsrituale geläufig sind, dürfen sich die Kinder zur Musik durch den Raum bewegen. Bei Musikstopp rufen Sie den Kindern ein Land zu. Die Kinder begrüßen sich dann untereinander in der entsprechenden, landestypischen Form (oder mit Handschlag) mit dem passenden Grußwort. Sobald die Musik wiedereinsetzt, laufen die Kinder weiter. Beim nächsten Stopp wird ein anderes Land genannt.

Variation

Die Kinder sitzen im Kreis. Ein Kind verlässt den Raum und nennt Ihnen eine Art, wie es die Kinder begrüßen möchte, z. B. auf französisch. Wählen Sie ein Kind im Raum aus, dass die Begrüßung ebenfalls auf Französisch durchführen soll. Alle anderen Kinder wählen sich eine andere Begrüßungsform. Das Kind darf den Raum betreten und begrüßt nun nacheinander die Kinder auf französisch. Die Kinder erwidern den Gruß in der Art ihres gewählten Landes. Erreicht das Kind schließlich das Kind, dass den Gruß auf französisch erwidert, umarmen sich die beiden Kinder und das Spiel ist beendet. Jetzt darf ein anderes Kind vor die Tür und das Spiel beginnt von vorn.

Hinweis: Sie können dieses Spiel anfangs auch nur mit den deutschen Begrüßungs- und/oder Abschiedsformeln für die verschiedenen Tageszeiten spielen und nach und nach über Tage oder Wochen hinweg immer wieder ein neues Begrüßungsritual aus einem anderen Land einführen. Erst wenn dieses den Kindern vertraut ist, wird ein neues Ritual hinzugenommen.

Begrüssungsrituale auf der ganzen Welt

Die weitverbreitetste Form der Begrüßung ist der Handschlag in Verbindung mit einem Grußwort. Diese Form ist in Europa und zwischenzeitlich fast auf der ganzen Welt als Begrüßungsritual anerkannt. Es gibt jedoch viele weitere, unterschiedliche Begrüßungsformen, die meist traditionelle Wurzeln haben und länderspezifisch zum Einsatz kommen.

Begrüßung in Deutschland

In Deutschland gibt man sich bei einer respektvollen Begrüßung die Hand und schaut seinem Gegenüber in die Augen. Dabei sagt man je nach Tageszeit: „Guten Morgen", „Guten Tag", „Hallo" oder „Guten Abend".
Beim Abschied werden diese Gesten durch ein „Tschüss" oder „Auf Wiedersehen" begleitet.
Bei einer freundschaftlichen Begrüßung oder Verabschiedung ist die Grußformel ohne Handschlag, dafür in Verbindung mit Blickkontakt oder einer Umarmung üblich.

Begrüßung in Frankreich

Freunde oder Familienmitglieder begrüßen die Franzosen mit zwei (je nach Region auch mit drei oder vier) Wangenküsschen. Dabei werden aber nicht direkt die Wangen geküsst, sondern lediglich Luftküsschen Richtung Wange geschickt. Die Grußformel lautet „Bonjour" („Guten Tag") oder „Salut" („Hallo").

Begrüßung in Italien

Auch in Italien ist eine Umarmung als Begrüßung unter guten Bekannten keine Seltenheit. Das lockere Grußwort ist hier „Ciao", das auch zur Verabschiedung verwendet werden kann. „Buon Giorno" hingegen bedeutet „Guten Tag".

Begrüßung in Spanien

Eine herzliche Umarmung ist unter Freunden und Familienmitgliedern in Spanien keine Seltenheit. Die informelle Begrüßungsformel lautet dabei „Hola".

Begrüßung in England

In England wird auf Körperkontakt wenig Wert gelegt. Ein einfacher „Handshake" begleitet von einem „Hello" oder „Hi" ist hier die übliche Begrüßung (meist gefolgt von einem „How do you do?" oder „How are you?").

Begrüßung in der Türkei

In der Türkei werden vor allem ältere Menschen von ihren Landsleuten mit einem sanften Handkuss begrüßt, während sich weniger nahestehende Personen nur mit einem Nicken begrüßt werden. Ansonsten ist, wie in fast allen europäischen Ländern, auch hier der Handschlag verbreitet. Die lockere Grußformel der Türken lautet „Merhaba".

Begrüßung in asiatischen Ländern

In asiatischen Ländern werden bei der traditionellen Begrüßung meist die Hände aneinandergelegt und der Kopf leicht gesenkt (Indien) bzw. der Oberkörper leicht nach vorn gebeugt (China und Japan). Die Begrüßungsformel zu dieser Geste lautet in Indien „Namaste", in China „Ni Hao" und in Japan „Konnichiwa".

Begrüßung in der Arktis und in Neuseeland

Bei den Ureinwohnern der Arktis, den Inuit, ist der Nasenkuss weit verbreitet. Dabei werden die Nasen leicht aneinandergerieben. Auch die Maori, die Ureinwohner Neuseelands, legen beim sogenannten „Hongi" traditionell zunächst die Stirn und dann die Nase aneinander.

Lied: „Guten Morgen"

Melodie: trad. (Bruder Jakob), Text: Sabine Gottschalk

Die Kinder singen das Lied und begleiten es mit Bewegungen. Führen Sie gemeinsam mit den Kindern die Bewegungen aus (Hand geben, klatschen, stampfen usw.). Am Ende zählen Sie zu „1, 2, 3" mit den Fingern mit und klatschen bei „seid dabei" im Silbenrhythmus 3-mal in die Hände. Die letzte Zeile kann auch rhythmisch mit Instrumenten, wie Klangstäben, Trommeln, Rasseln etc., begleitet werden.

D

Gu - ten Mor - gen, Gu - ten Mor - gen,

3

Gu - ten Tag, Gu - ten Tag.

5

A7 D A7 D

Reicht euch jetzt die Hän - de, reicht euch jetzt die Hän - de.

7

Eins, zwei, drei, seid da - bei.

2. Buenos Dias, Buenos Dias,
Guten Tag, Guten Tag.
Klatscht jetzt in die Hände,
klatscht jetzt in die Hände.
1, 2, 3 – seid dabei.

3. Hi, Good Morning, Hi, Good Morning,
Guten Tag, Guten Tag.
Stampft jetzt mit den Füßen,
stampft jetzt mit den Füßen.
1, 2, 3 – seid dabei.

4. Ciao, Buon Giorno, Ciao, Buon Giorno,
Guten Tag, Guten Tag.
Nickt jetzt mit den Köpfen,
nickt jetzt mit den Köpfen.
1, 2, 3 – seid dabei.

5. Bonjour, Kinder, Bonjour, Kinder,
Guten Tag, Guten Tag.
Winkt jetzt mit den Händen,
winkt jetzt mit den Händen.
1, 2, 3 – seid dabei.

TRANSFER IN DEN ALLTAG

Im Alltag lassen sich Begrüßungs- und Abschiedsrituale leicht umsetzen.

- Der Kindergartentag beginnt, indem das Kind alle anwesenden Erzieherinnen mit Handschlag und einer Grußformel, wie „Guten Morgen" oder „Hallo" begrüßt.
  Der Kindergartentag endet, indem sich das Kind bei allen anwesenden Erzieherinnen mit Handschlag und einem „Tschüss" verabschiedet.
  Achten Sie bei den Ritualen zur Begrüßung und Verabschiedung immer darauf, dass das Kind diese ordentlich ausführt. Dazu gehört, dass das Kind die richtige, sprich die rechte Hand reicht, Blickkontakt sucht und die Worte deutlich ausspricht.
  Denken Sie daran, dass Sie bei diesen Ritualen stets eine Vorbildfunktion haben.
  Durch den täglichen Einsatz dieser Rituale werden die Umgangsformen in den Bereichen „Begrüßung" und „Verabschiedung" bei den Kindern schnell selbstverständlich und intensiv verinnerlicht.
  Führen Sie diese Art der Begrüßung/Verabschiedung bisher noch nicht durch, mag dieses Ritual Ihnen evtl. etwas ungewöhnlich oder aufwändig erscheinen. Nach einiger Zeit ist es für die Kinder und auch für Sie aber schnell Routine und wird zur Selbstverständlichkeit. Die Kinder lernen dabei die korrekten Formeln und Rituale und Sie selbst haben einen besseren Überblick, wer in der Gruppe angekommen ist oder wer abgeholt wurde.
- Ein zusätzliches Begrüßungsritual kann z. B. das Singen eines „Begrüßungsliedes" im Morgenkreis sein, wenn schließlich alle Kinder anwesend sind. So begrüßen sich alle noch einmal gegenseitig und starten gemeinsam in den Tag.

Eine Begrüßung ist gar nicht schwer,
ein jeder freut sich darüber sehr.
Ich sag „Guten Morgen" oder „Hallo",
schau in die Augen und lache froh.
Dabei geb ich dir meine Hand,
so macht man das in unserem Land.
Und auch beim Abschied denk ich dran,
die Hand zu geben jedermann.
Ich sage „Tschüss, auf Wiedersehen",
und dann kann ich nach Hause gehen.

LIEBE ELTERN,

Begrüßung und **Verabschiedung** sind zwischenmenschliche und gesellschaftliche Rituale, die Menschen verbinden und von gegenseitiger Wertschätzung zeugen.
Auch bei uns im Kindergarten legen wir Wert auf diese Umgangsformen und binden sie als tägliche Rituale in den Tag mit ein.

Die **Begrüßung** zwischen Kindern und Erzieherinnen am Morgen erfolgt durch ein „Hallo" oder „Guten Morgen". Wir schauen uns dabei an und geben uns die Hand.

Diese Begrüßungsformel gibt den **Kindern** beim Ankommen Orientierung und Sicherheit und signalisiert ihnen, dass sie willkommen sind:
Du bist da. Du bist wichtig. Du bist wertvoll.

Wir als **Erzieherinnen** erhalten bei diesem ersten Kontakt einen Einblick in die momentane Verfassung und den Gemütszustand Ihres Kindes und können es dementsprechend in Empfang nehmen und, wenn nötig, beim Start in den Kindergartentag begleiten und unterstützen.
Des Weiteren verhilft uns dieses Ritual, einen Überblick über die anwesenden Kinder zu erlangen.

Für Sie als **Eltern** bildet dieses Ritual die „offizielle Übergabe" Ihres Kindes an uns. Sie können sich sicher sein, dass Ihr Kind wahrgenommen und ins Gruppengeschehen aufgenommen wurde.
Bitte achten Sie daher in der Bringsituation immer darauf, dass Ihr Kind alle anwesenden Gruppenerzieherinnen begrüßt hat, bevor Sie den Kindergarten verlassen.

Die **Verabschiedung** mit Handschlag, Blickkontakt und einem „Tschüss" bildet den offiziellen Abschluss des Kindergartentages und wir übergeben die Kinder damit zurück in Ihre Obhut.
Wir nehmen bewusst wahr, wer abgeholt wurde, und behalten den Überblick über die noch anwesenden Kinder in der Gruppe.
Bitte achten Sie darauf, dass sich Ihr Kind beim Abholen von allen anwesenden Gruppenerzieherinnen verabschiedet.

Vielen Dank für Ihre Unterstützung.
Ihr Kindergarten-Team

ZAUBERWÖRTER

GESCHICHTE: FIRLEFANZ LERNT „BITTE" UND „DANKE" SAGEN

Nach dem Morgenkreis spielte Firlefanz mit Theo und Felix in der Bauecke. Die beiden Jungs hatten sich mehrere rote Bauklötze bereitgelegt, während der Kobold wahllos verschiedene Bausteine zu einem großen Turm stapelte. „He, ich brauch auch rote Steine", schimpfte Firlefanz und grabschte sich einige Steine aus dem Haufen der Jungen. „Stopp, das geht so nicht. Du kannst uns die Bauklötze nicht einfach wegnehmen", protestierte Felix und Theo erklärte. „Du kannst uns fragen, ob wir dir welche abgeben."[1] „Gebt ihr mir welche ab?", fragte der Kobold ungeduldig. „Es fehlt noch das Zauberwort", warf Felix ein. „Zauberwort?", wiederholte Firlefanz. „Oh ja, ich kenne viele Zauberwörter! Hokus Pokus, Simsalabim, die roten Bausteine hier, gehören jetzt alle mir, mir, mir!"

Felix und Theo sahen sich ratlos an. Sie hätten nicht gedacht, dass es so anstrengend wird, dem kleinen Kobold gutes Benehmen beizubringen. „Unser Zauberwort heißt ‚bitte'. Wenn man etwas haben möchte, dann bittet man darum", sagte Theo. Nach einigen Versuchen hatte Firlefanz schließlich das Zauberwort in einen Satz verpackt: „Darf ich bitte auch rote Bausteine haben?", fragte er. „In Ordnung. Wir geben dir welche ab", antworteten die Jungs und teilten mit dem Kobold ihre Bauklötze.

„Na, also!", sagte der Kobold zufrieden.

„Das war wieder nicht ganz richtig", warf Theo ein. „Es gibt noch ein anderes Zauberwort, das sagt man, wenn man etwas bekommt.[2] Es heißt ‚danke', ‚danke schön' oder ‚danke sehr'."

„Bitte und danke. Bitte und danke. Bitte und danke", sagte Firlefanz eifrig. „Hm, das sind aber komische Zauberwörter. Und die sollen wirklich funktionieren?"

„Naja, nicht immer", gab Felix zu. „Aber wenn du jemanden um etwas bittest, ist die Chance viel höher, dass du es auch bekommst. Und über ein freundliches Danke freut sich eigentlich jeder. Bitte und Danke sagen ist immer gut und ein Zeichen von Höflichkeit."

„Klarifari, ich verstehe schon.

Bitte schön und danke sehr,
Zauberwörter sind nicht schwer",[3]

reimte Firlefanz. Er holte sein goldenes Büchlein heraus, kritzelte den Spruch hinein und vermerkte zusätzlich:

„Bitte, danke, gern geschehen,
so kann man sich gut verstehen."

[1] Fragen Sie die Kinder, ob sie eine Idee haben, wie der Kobold nach den Bausteinen fragen könnte, und lassen sie einen Satz formulieren.

[2] Fragen Sie die Kinder, welches Zauberwort Theo wohl meint.

[3] Lassen Sie die Kinder das Reimwort in den Sätzen ergänzen und die Reime ggf. nachsprechen.

GESCHICHTE: FIRLEFANZ ENTSCHULDIGT SICH

Inzwischen hatten Theo und Felix aus ihren Bauklötzen einen hohen Turm gebaut. Stolz betrachteten sie ihr Kunstwerk. „Schau nur, Firlefanz, unser Turm ist viel größer als deiner", sagte Felix.
Missmutig kam der kleine Kobold näher und schaute den hohen Turm an. „Na, und", brummte er. „Seht her, mit einem lauten Bumm, schmeiß ich den Turm ganz einfach um." Firlefanz schlug mit der Hand gegen den Turm, woraufhin dieser in sich zusammenstürzte und alle Bausteine auf den Boden fielen." „Hey, das ist gemein", sagte Felix empört und rief nach Linda. Als die Erzieherin die Bauecke betrat, erkannte sie sofort, was passiert war.
„Das war aber gar nicht nett von dir, Firlefanz", schimpfte Linda. „Die beiden Jungs hatten sich so viel Mühe gegeben und nun ist alles kaputt. So was macht man nicht."[1]
Der Kobold verschränkte die Arme vor der Brust und schaute Linda beleidigt an. „Ich möchte, dass du dich bei den beiden entschuldigst", forderte Linda. Als sie die fragenden Augen des Kobolds sah, fügte sie hinzu: „Wenn man etwas angestellt hat, von anderen etwas kaputt gemacht hat oder jemandem wehgetan hat, sagt man ‚Entschuldigung'. Dieses Wort solltest du eigentlich kennen, oder was sagst du, wenn dir etwas leidtut?" „Uppsiduppsi", antwortete Firlefanz frech.
„Also, bei uns heißt es ‚Entschuldigung'!"
„Ok, also dann. Entschuldigung", murmelte Firlefanz und blickte dabei missmutig zu Boden. „Zu einer richtigen Entschuldigung gehört es auch, dass man sich dabei anschaut und sich die Hand reicht", ergänzte Linda. „Das zeigt, dass man die Entschuldigung auch ernst meint."
Firlefanz blickte in die traurigen Gesichter der beiden Jungen und auf die Bausteine, die wild verstreut am Boden lagen. Nun bekam er tatsächlich ein schlechtes Gewissen. Er ging auf die beiden zu, schaute sie an und streckte ihnen seine Hand entgegen. „Entschuldigung, das war gemein von mir", sagte er kleinlaut. „Entschuldigung angenommen", sagte Theo und reichte Firlefanz die Hand und auch Felix zeigte sich versöhnlich.

„Ist ‚Entschuldigung' auch ein Zauberwort?", wollte Firlefanz wissen. „In gewisser Weise ja. Es zeigt, dass dir etwas leidtut und es fällt leichter, sich nach einer Entschuldigung wieder zu vertragen. Besonders schön wäre es jetzt, wenn du deinen Fehler wieder gut machst."
Der Kobold überlegte kurz: „Ich kann euch dabei helfen, den Turm wiederaufzubauen", schlug er vor und die beiden Jungen waren einverstanden. „Aber erst muss ich mir noch etwas aufschreiben."
Firlefanz zückte sein goldenes Büchlein und schrieb:[2]

„Entschuldigung, es tut mir leid,
sage ich nach einem Streit.
Und mache ich mal dumme Sachen,
versuch ich, 's wiedergutzumachen."

[1] Fragen Sie die Kinder, wie der Kobold auf die Situation reagieren könnte. Fragen Sie die Kinder dann nach Situationen, in denen man sich entschuldigt, oder auch, wie eine richtige, aufrichtige Entschuldigung aussehen kann.

[2] Lassen Sie die Kinder die Reimwörter ergänzen.

GESCHICHTE: FIRLEFANZ LERNT DIE GESPRÄCHSREGELN

Die Kinder und Firlefanz saßen im Stuhlkreis. „Wer von euch möchte sich denn heute ein Spiel wünschen?", fragte Linda in die Runde.
„Ich, ich, ich!", rief Firlefanz und schnalzte mit den Fingern. „So nicht", sagte Linda bestimmt.[1] „Wenn wir etwas sagen wollen, müssen wir uns melden. Schau zu", erklärte Lotti. Sie hob ihren Arm nach oben und streckte den Finger aus. Linda rief das Mädchen auf und Lotti wünschte sich das Spiel mit der Eisenbahn. Dafür durfte sie sich noch fünf weitere Mitspieler aussuchen. „Ich wähle Amelie und Jakob und …" „Und mich, mich, mich", rief Firlefanz dazwischen. Dabei hob er seinen Arm in die Höhe. „Lass mich doch erst einmal ausreden", jammerte Lotti. „Ich wollte dich sowieso noch aufrufen." Die aufgerufenen Kinder stellten sich hinter Lotti in eine Reihe und legten ihre Arme auf die Schultern des Vordermannes. Firlefanz streckte seine kurzen Arme, soweit er konnte, nach oben. Aber er war einfach zu klein und erreichte nicht die Schultern von Jakob, der direkt vor ihm stand. „Du bist einfach zu klein", rief Jakob und prustete lauthals los, als er sah, wie der kleine Kobold sich verrenkte. Auch einige andere Kinder begannen, zu lachen. „Hört auf damit", ermahnte Linda die Kinder, „wir lachen niemanden aus!" „Genau, auslachen ist ganz gemein", schimpfte Firlefanz. „Tut mir leid", sagte Jakob versöhnlich. „Halte dich doch einfach an meiner Hüfte fest." Jakob hatte sich entschuldigt und wollte sein Verhalten wiedergutmachen. Das gefiel dem kleinen Kobold. Er fasste Jakob an der Hüfte und schon fuhr die Eisenbahn im Kreis, während die übrigen Kinder ein Lied dazu sangen.
Anschließend erzählte Linda den Kindern, was für den heutigen Tag noch geplant war. „Nach dem Stuhlkreis gehen wir in den Garten." „Uiih, in den Garten, da freue ich mich schon drauf", flüsterte Firlefanz dem Jungen, der neben ihm saß, ins Ohr und kicherte dabei vorfreudig.
„Firlefanz", stöhnte Linda. „Es ist unhöflich, zu flüstern und anderen ins Wort zu fallen." Firlefanz hatte nun langsam genug. So viele Regeln, da blickte ja kein Mensch mehr durch. Und erst recht kein Kobold. „Dann sag ich ab jetzt eben gar nichts mehr", brüllte Firlefanz. Dabei lief sein Kopf rot an und in seinen Augen bildeten sich Tränen der Wut. „Wir schreien uns auch nicht an", sagte Linda nun in sanfterem Ton und fügte schnell hinzu: „Ich verstehe ja, dass diese ganzen Regeln neu für dich sind und du nicht alle auf einmal lernen kannst." „Uns fällt es auch oft noch schwer, die Regeln einzuhalten", gab Lotti zu und versuchte, dem kleinen Kobold Mut zu machen, „gerade wenn mehrere Menschen zusammen sind, ist es wichtig, ein paar Gesprächsregeln einzuhalten. Wenn alle durcheinandersprechen, kann man niemanden verstehen. Und keiner hat es gerne, wenn er ausgelacht oder unterbrochen wird, oder ist verunsichert, wenn hinter seinem Rücken geflüstert wird."
Firlefanz hatte sich inzwischen wieder beruhigt. „Klarifari", sagte er, „aber wie soll ich mir so viele Regeln auf einmal merken?"
Linda holte ein Plakat hervor, auf dem sie die Gesprächsregeln aufgeschrieben hatte. „Du kannst doch lesen und schreiben", bemerkte Linda. „Natürlich kann ich lesen und schreiben," fiel ihr der Kobold ins Wort, „ich bin ja schon viele Jahre alt."
„Prima", sagte Linda, „dann leihe ich dir unser Plakat und du kannst alle Punkte in dein goldenes Büchlein schreiben." Firlefanz war begeistert von der Idee und begann gleich damit, alle Regeln zu notieren.[2]
„Fertig", sagte Firlefanz stolz, als er alle Regeln abgeschrieben hatte.
Linda erklärte dem Kobold noch, dass alle Kinder auf dem Plakat mit ihrem Namen unterschrieben haben. „Eine Unterschrift ist verbindlich, so ähnlich wie ein Versprechen. Das heißt, jedes Kind erklärt mit seiner Unterschrift, dass es die Regeln kennt und sich bemüht, diese einzuhalten. Es fehlt nur noch deine Unterschrift", bemerkte Linda. Der Kobold zückte erneut seinen Stift. Er kritzelte seinen Namen auf das Plakat und nahm sich fest vor, bei der nächsten Gesprächsrunde an die Regeln zu denken.

[1] Fragen Sie die Kinder, was Firlefanz wohl falsch gemacht hat.

[2] Fordern Sie die Kinder auf, Gesprächsregeln zu nennen, die sie schon kennen und die im Kindergarten wichtig sind. Sie können die Regeln auch gleich aufschreiben oder ein Plakat gestalten.

TRANSFER IN DEN ALLTAG

- Um die Gesprächsregeln im Alltag präsent zu machen und bildlich darzustellen, können Sie mit den Kindern ein Plakat gestalten, auf dem die Regeln notiert und verbildlicht sind. Hierfür können Sie die Vorlage aus dem Buch verwenden. Drucken Sie die Regeln aus, vergrößern Sie diese ggfs. auf DIN A3 und schneiden Sie die Kästen aus. Nun können Sie im gemeinsamen Gespräch mit den Kindern Gesprächsregeln sammeln und besprechen. Jede Regel, die als wichtig erachtet wird, wird nun auf ein großes Plakat geklebt. Nun darf jedes Kind mit seinem Namen auf dem Plakat unterschreiben und bestätigt so, die Regeln zu kennen und diese bestmöglich einzuhalten. Alternativ können die Kinder auch ihren Fingerabdruck auf das Plakat stempeln und Sie schreiben zu jedem Abdruck den Namen. Platzieren Sie das Plakat an einem Ort im Raum, an dem oft Gespräche stattfinden und es für die Kinder gut sichtbar ist.
- Beachten Sie beim Thema Gesprächsregeln die vier übergeordneten Punkte: Vorbild sein, Wiederholen, Geduld und Loben. Wenden Sie selbst möglichst oft die Gesprächsregeln an und legen Sie bei gemeinsamen Gesprächen Wert auf das Einhalten der Regeln und eine gute Gesprächskultur.
- Nutzen Sie Geschichten und Bilderbücher. Vorlesen ist eine der besten Möglichkeiten, Kindern eine angemessene Ausdrucksweise beizubringen. Sie erweitern hierbei ihren Wortschatz und lernen, in ganzen Sätzen zu sprechen, zuzuhören und sich zu melden, wenn sie etwas zur Geschichte beitragen möchten.
- Fällt es den Kindern noch schwer, nicht dazwischenzureden, können Sie eine Art „Redestein" oder „Redeball" einsetzen. Nur wer den Stein bzw. den Ball in den Händen hält, darf sprechen. Die anderen Kinder dürfen das Kind nicht unterbrechen. Besonders schön ist hierfür auch ein batteriebetriebener LED-Ball, der langsam seine Farbe wechselt. Dieser sorgt zusätzlich für Ruhe und Konzentration.

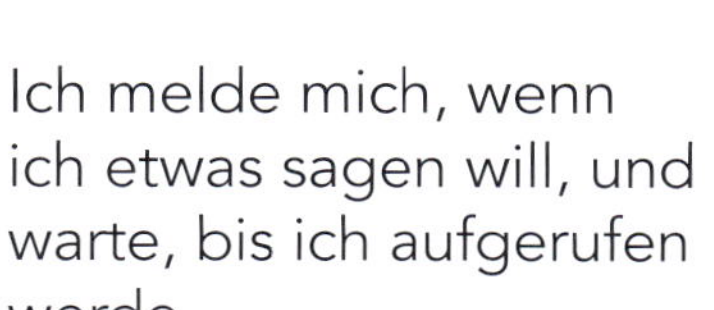

Ich melde mich, wenn ich etwas sagen will, und warte, bis ich aufgerufen werde.

Ich rede laut und deutlich.

Ich schreie niemanden an.

Ich antworte in ganzen Sätzen.

Ich höre zu, wenn jemand spricht.

Ich flüstere nicht, wenn dies für andere störend oder unangenehm ist.

Ich rede nicht dazwischen.

Ich lache niemanden aus.

Ich sage keine Schimpfwörter.

Spiele rund um die Zauberwörter

Anklopfen

Die Kinder sitzen im Stuhlkreis oder im Kreis auf dem Boden. Besprechen Sie mit den Kindern, wenn Sie das Spiel zum ersten Mal spielen, in welchen Situationen es angebracht ist, anzuklopfen, z. B. wenn die Bürotür im Kindergarten geschlossen ist oder eine Gruppe im Nebenraum mit der Vorschularbeit beschäftigt ist.
Ein Kind verlässt den Raum und stellt sich vor die angelehnte Tür. Nun klopft es von außen an die Tür. Deuten Sie auf ein Kind im Kreis, dass mit den Worten „Herein, bitte!" antworten darf.
Das Kind vor der Tür versucht, die Stimme zu erkennen. Es darf eintreten und muss erraten, welches Kind es hereingebeten hat. Hierfür hat es drei Versuche. Das Kind, das geantwortet hat, darf als nächstes vor die Tür gehen.

Herr Schuster

Die Kinder sitzen im Stuhlkreis. Alle Kinder ziehen ihre Schuhe aus und stapeln sie in der Kreismitte zu einem Haufen. Ein Kind spielt den Schuster und setzt sich zu den Schuhen in die Kreismitte. Nun darf ein Kind aus dem Kreis beginnen.
Es steht auf, klopft an (auf seinen Stuhl klopfen), geht zu dem Schuster und sagt: „Hallo, Herr (Frau) Schuster, sind meine Schuhe fertig?"
Der Schuster sucht die Schuhe des Kindes, übergibt sie diesem und sagt dabei: „Hier, bitte."
Daraufhin fragt das Kind: „Wie viel kosten sie?"
Der Schuster antwortet mit einer Zahl zwischen ein und fünf Euro.
Das Kind klatscht dementsprechend oft auf die Hand des Schusters.
Das Kind verabschiedet sich, nachdem es bezahlt und die Schuhe erhalten hat, mit: „Danke. Tschüss."
Nun darf das nächste Kind seine Schuhe abholen.
Weiß der Schuster nicht, welche Schuhe dem Kind gehören, antwortet er auf die Frage, ob das Kind seine Schuhe haben kann, mit „Nein". Dann muss sich das Kind wieder hinsetzen und am Ende noch mal wiederkommen.

Flüsterpost

Die Kinder sitzen im Kreis. Spielen Sie das Spiel Flüsterpost. Flüstern Sie hierfür einem Kind, das neben Ihnen sitzt, ein Wort ins Ohr. Dieses darf das Wort nun dem Kind neben sich ins Ohr flüstern usw. Das letzte Kind im Kreis sagt das Wort, das es verstanden hat, laut vor und es wird verglichen, ob das Wort richtig ist. Versteht ein Kind das geflüsterte Wort nicht, darf es das Kind neben sich auffordern, dieses erneut zu flüstern. Hierzu sagt es: „Wie, bitte?". Das Kind sagt daraufhin das Wort erneut.

Ballspiel im Kreis

Stellen oder setzen Sie sich mit den Kindern in einen Kreis. Ein Kind erhält einen Ball. Blinzeln Sie einem Kind zu oder gehen Sie um den Kreis herum und tippen Sie einem Kind auf die Schulter. Dieses sagt nun: „Darf ich bitte den Ball haben?" Das Kind, das den Ball hat, wirft oder rollt dem Kind den Ball daraufhin zu. Sobald das Kind den Ball hat, sagt es „Danke."
Nun tippen Sie ein neues Kind an usw.
Um das Spiel noch interessanter zu machen, kann auch mal ein besonderer Ball, z. B. ein Glitzer- oder Hüpfball, verwendet werden oder auch ein Luftballon.

LIEBE ELTERN,

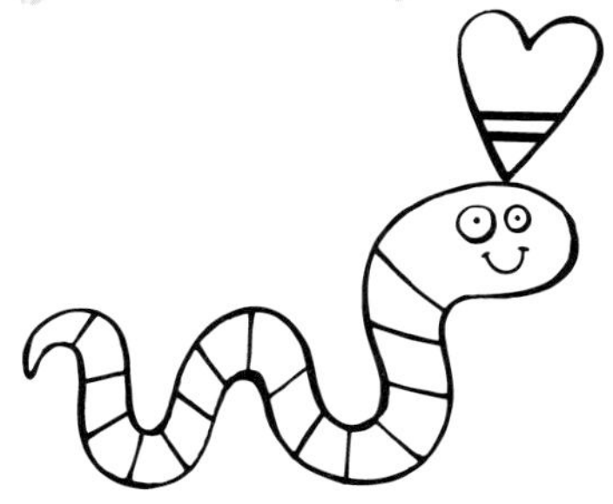

Höflichkeit spielt in unserem Leben eine wichtige Rolle und auch Kinder haben viele Vorteile, wenn sie gute Umgangsformen von klein auf erlernen. Durch diese sind sie bei anderen beliebt und ein gern gesehener Gast in fremden Familien oder Gruppen. Werden den Kindern soziale Umgangsformen von Anfang an beigebracht und vorgelebt, verinnerlichen sie diese im Laufe ihrer Entwicklung, gewinnen Selbstsicherheit im eigenen Auftreten und lernen fürs Leben. Denn auch später, im Erwachsenen- und Berufsleben, erleichtern gute Manieren und ein höflicher Umgangston das Zusammenleben. Die Verwendung der sogenannten „Zauberwörter" – „bitte", „danke" und „Entschuldigung" – spielt dabei eine wichtige Rolle.

Am Vorbild lernen

Als Eltern sind Sie für Ihr Kind die größten Vorbilder. Ihr Kind lernt die Zauberwörter schon allein dadurch, dass es mitbekommt, wie Sie selbst sich in unterschiedlichen Situationen bei Ihren Mitmenschen für etwas bedanken, um etwas bitten oder sich für etwas entschuldigen.
Wichtig ist, dass Sie diese Wörter möglichst oft auch im direkten Kontakt zu Ihrem Kind selbst sagen. Grundsätzlich gilt, je öfter Sie zu oder vor Ihrem Kind in authentischen Situationen Danke, Bitte oder Entschuldigung sagen, desto schneller und nachhaltiger wird Ihr Kind diese Worte lernen und auch selbst anwenden.

Erklären

Fordern Sie Ihr Kind nicht dazu auf, die Zauberwörter zu verwenden und aufzusagen, wenn es deren Bedeutung noch gar nicht richtig kennt. Ihr Kind soll verstehen, warum man Danke, Bitte oder Entschuld - gung sagt. Mit allgemeinen Aussagen, wie „Das gehört sich so.", kann Ihr Kind nicht viel anfangen. Konkrete Beispiele in realen Situationen sind an dieser Stelle hilfreicher.
Versteht das Kind die Bedeutung der Wörter, wird es diese eher einsetzen und dann auch von Herzen sagen und nicht nur, weil es sich so gehört.

Positiv bestärken

Wenn Ihr Kind positives Verhalten an den Tag legt, dürfen Sie es dafür auch loben, denn es ist nicht selbstverständlich, höflich zu sein. Wenn Kinder merken, dass ein Gruß, ein Bitte, ein Danke oder eine Entschuldigung gut ankommt und sich positiv auswirkt, wird es diese Zauberwörter immer wieder verwenden.
Sollte Ihr Kind Bitte, Danke oder eine Entschuldigung absichtlich und trotz Ihrer freundlichen Erklärung verweigern, dürfen Sie Ihr Kind auch mal ignorieren oder ganz klar darauf hinweisen, dass Sie in bestimmten Situationen ein Bitte oder Danke von ihm erwarten.

„Wie sagt man?"

Sicher kennen Sie Situationen, in denen Sie sich wünschen, dass Ihr Kind sich für etwas bedankt. Das oft sehr übliche „Wie sagt man?" oder „Wie heißt das Zauberwort?" kann eine Unterstützung sein und das Kind daran erinnern, dass ein höfliches Verhalten angebracht ist.
Achten Sie dabei aber darauf, dass Ihr Kind den Sinn hinter Ihrer Aufforderung versteht und nicht nur ein liebloses, automatisiert dahingesagtes „Danke" von sich gibt. Das Erlernen und Begreifen von Empathie und Wertschätzung sind wichtiger als antrainierte Höflichkeit.

Kleine Helfer

Neben alltäglichen Situationen bietet es sich an, Spielsituationen mit Ihrem Kind aufzugreifen, bei denen diese Wörter oft vorkommen können, z. B. Einkaufen im Kaufladen. Darüber hinaus gibt es viele Bilderbücher, die von diesem Thema handeln und Ihrem Kind die Zauberwörter auf positive, freudvolle und spannende Weise näherbringen. Zeigen Sie Ihrem Kind verschiedene Möglichkeiten auf, wie man sich bedanken kann, z. B. indem es für die Oma ein paar Blumen pflückt oder sich mit einem gemalten Bild oder einer Dankeskarte bedankt.

TISCHSITTEN UND TISCHMANIEREN

GESCHICHTE: FIRLEFANZ DECKT DEN TISCH

Während die Kinder im Garten friedlich miteinander spielten, verging die Zeit wie im Flug und bald war es Zeit für das gemeinsame Mittagessen. „Wer hilft mir heute beim Tischdecken?", rief Linda in die Runde. Amelie und Lotti meldeten sich freiwillig und auch Firlefanz wollte mithelfen.

Im Gruppenraum stand bereits ein Wagen mit Tellern, Gläsern und Besteck bereit.

„Weißt du denn, wie man den Tisch richtig deckt?", wollte Amelie von Firlefanz wissen. Dieser schüttelte energisch den Kopf und Amelie erklärte ihm, was er zu tun hatte.[1] „Als Erstes stellst du an jeden Platz einen Teller. Rechts neben den Teller legst du das Messer und daneben den großen Löffel. Die Gabel legst du links neben den Teller und den kleinen Löffel über den Teller. Am Schluss stellst du oben über das Messer noch ein Glas." „Oben, neben, links, rechts, über – das klingt ganz schön schwer, ich versteh gleich gar nichts mehr", sagte Firlefanz hilflos. Lotti kam ihm zu Hilfe. „Ich weiß auch noch nicht, wo rechts und links ist. Aber wir haben zum Tischdecken eine Vorlage", sagte sie und übergab dem Kobold ein laminiertes Blatt Papier, auf dem Geschirr und Besteck aufgemalt waren. „Nimm die Vorlage einfach mit zum Tisch, dann kannst du abschauen, wo was hingehört."

Firlefanz legte die Schablone auf einen Tisch und begann, die Teller zu verteilen. Er schaute immer wieder auf die Zeichnung und hatte im Nu auch das Besteck und die Gläser richtig platziert.

Als er fertig war, nahm er die Vorlage und übertrug sie in sein goldenes Büchlein.

„Das hast du super gemacht", lobte Amelie den kleinen Kobold. Firlefanz war stolz, doch eine Frage hatte er noch. „Wozu braucht man denn überhaupt dieses ganze Besteck? Wir haben doch alle Hände, um zu essen." Lotti kicherte: „Ja, viele Sachen kann man mit den Händen essen, aber beim Mittagessen werden die Hände doch ganz schmutzig. Und außerdem kannst du eine Suppe oder ein Joghurt ja schlecht mit den Fingern essen."

‚Hehe, das kann ich schon', dachte Firlefanz und erinnerte sich an die Zeit, wo er noch unsichtbar war und beim Essen hier und da von den Kindern genascht hatte, indem er seine Finger in die Speisen gesteckt und abgeschleckt hatte. Aber das behielt er lieber für sich. Stattdessen sagte er: „Klarifari, das werde ich schon hinbekommen."

Amelie zeigte dem Kobold, wie man den Löffel richtig hält, wie man mit der Gabel Dinge aufspießt und wie man mit dem Messer schneidet.

Nachdem Linda die gedeckten Tische überprüft hatte, erklärte sie den Kindern, dass sie noch zehn Minuten Zeit hätten, um im Garten zu spielen, bevor das Mittagessen beginnen würde.

Der kleine Kobold und die beiden Mädchen rannten zurück in den Garten. Firlefanz beendete noch geschwind die Arbeiten an seiner Sandburg.

Er war gerade rechtzeitig fertig, als Linda alle Kinder aufforderte, aufzuräumen und zum Mittagessen zu kommen.

[1] Besprechen Sie mit den Kindern, was man alles zum Tischdecken braucht und wie Geschirr und Besteck angeordnet werden.

Richtig den Tisch decken

Beziehen Sie die Kinder beim Tischdecken immer mit ein.
Die abgebildete Vorlage kann den Kindern beim Tischdecken helfen, das Geschirr und Besteck richtig anzuordnen. Deponieren Sie die Vorlage an einem für die Kinder zugänglichen und bekannten Ort im Essensraum, sodass sie beim Tischdecken zur Verfügung steht. Ebenso ist es möglich, die Vorlage für jedes Kind vergrößert auszudrucken, zu laminieren und als Tisch-Set zu verwenden.

Geschichte: Firlefanz wäscht sich die Hände

„Endlich gibt es Essen, ich habe riesengroßen Hunger", sagte Firlefanz, als er den Kindergarten betrat, und wollte sofort in den Gruppenraum stürmen. „Warte", sagte Theo und hielt den kleinen Kobold zurück. „Bevor wir zum Essen gehen, müssen wir unsere Hände waschen." „Warum das denn?", stöhnte Firlefanz. „Na, weil wir beim Essen saubere Hände haben wollen. Schau dir doch mal deine schmutzigen Sandhände an. Wenn du so zum Essen gehst, isst du ja den ganzen Dreck mit." „Dreck macht Speck", witzelte Firlefanz. Was machten schon ein paar Sandkörner im Essen? Aber gut, wenn es im Kindergarten so üblich war, sich vor dem Essen die Hände zu waschen, dann würde er dies eben auch tun. Auch wenn er Waschen eigentlich gar nicht leiden konnte.

Er stellte sich im Badezimmer neben Theo an ein Waschbecken. Zum Glück war dieses nicht so hoch, sodass er gerade noch rankam. Theo erklärte dem Kobold, wie man sich ordentlich die Hände wäscht und Firlefanz machte dem Jungen alles nach.[1]

„Erst den groben Schmutz mit Wasser abwaschen. Dann etwas Seife in die Hände geben und die Hände aneinanderreiben, damit sich der Schmutz gut löst und die Seife aufschäumt. Jetzt spülen wir die Hände mit klarem Wasser sauber."

„Uiiih, das geht ja schnell. Schon fertig", rief Firlefanz und klatschte begeistert in die Hände. Dabei spritzte das Wasser von seinen nassen Händen durch den Raum und die Kinder schrien quietschend durcheinander, als sie von Firlefanz nass gespritzt wurden. „Hey, pass doch auf. Du musst deine Hände erst noch abtrocknen, sonst machst du doch alles nass."

„Uppsiduppsi, nicht gewusst", entschuldigte sich Firlefanz und trocknete mit einem Papierhandtuch seine Hände ab.

„Ich kenne übrigens einen Spruch, den du in dein goldenes Büchlein schreiben kannst", verriet Theo. „Leg los", befahl Firlefanz und zückte Buch und Stift.

„Nach dem Klo und vor dem Essen,
Händewaschen nicht vergessen."[2]

„Der ist super! Schon notiert", sagte Firlefanz und fügte nachdenklich hinzu. „Hm, das heißt wohl, dass ich jedes Mal, wenn ich auf dem Klo war, auch meine Hände waschen muss?"

„Ganz genau. Dann ist es sogar besonders wichtig", sagte Theo. „Und nach dem Essen waschen wir unsere Hände auch noch mal, denn dann sind sie meist vom Essen schon wieder schmutzig oder klebrig."

Firlefanz fand dieses ständige Händewaschen etwas übertrieben, aber Theo erklärte ihm, dass es sehr wichtig ist, weil sich an den Händen leicht Schmutz und Bakterien ansammeln, und diese können einen sogar krank machen. Kranksein fand Firlefanz ziemlich doof. „Dann lieber regelmäßig die Hände waschen", dachte er und folgte Theo in den Gruppenraum.[3]

Für sein goldenes Buch hatte sich Firlefanz einen Spruch überlegt:[4]

„Hände waschen, Hände waschen
kann ein jedes Kind.
Hände waschen, Hände waschen,
bis sie sauber sind.
Ich mach die Hände nass
und nehm Seife dazu,
ich reibe meine Hände,
die Seife schäumt im Nu.
Die Hände und die Finger
reib ich gründlich ein,
nur so können die Hände
bald wieder sauber sein.
Mit dem klaren Wasser
spül ich die Hände ab
und mache sie noch trocken,
wenn ich ein Handtuch hab."

[1] Lassen Sie von den Kindern erklären, wie man sich richtig die Hände wäscht. Vergleichen Sie dann, ob die Beschreibung der Kinder mit der von Theo übereinstimmt.

[2] Lassen Sie den Reim von den Kindern ergänzen.

[3] Sammeln Sie mit den Kindern Situationen, in denen es wichtig ist, sich die Hände zu waschen, z. B. wenn sie im Garten schmutzig geworden sind, vor und nach dem Essen, nach dem Toilettengang oder nach dem Naseputzen.

[4] Lassen Sie die Reimwörter des Gedichts von den Kindern ergänzen.

GESCHICHTE: FIRLEFANZ LERNT TISCHMANIEREN

Als alle Kinder auf ihrem Platz saßen, reichten sie sich die Hände und sagten einen Tischspruch auf. Firlefanz sprach den Spruch fehlerfrei mit, denn er hatte ihn schon oft von den Kindern gehört. „Piep, piep, piep, guten Appetit“, endeten die Kinder im Chor.
„Heute gibt es Tomatensuppe und im Anschluss Pfannkuchen mit Apfelmus“, erklärte Linda und stellte auf jeden Tisch eine Schüssel mit Suppe.
„Lecker, Tomatensuppe. Ich habe einen Bärenhunger“, sagte Firlefanz und lud sich einen großen Schöpfer Suppe in den Teller. Er wollte gerade einen weiteren Schöpfer nehmen, da hielt ihn Linda zurück. „Nimm dir doch erst mal eine Portion und probiere, ob dir die Suppe schmeckt. Wenn dein Teller leer ist und du noch Hunger hast, darfst du dir gerne noch mal nachnehmen.“
Widerwillig ließ der Kobold den Schöpfer los.
Als alle Kinder ihre Teller befüllt hatten, begann Firlefanz, seine Suppe zu löffeln. Es war gar nicht so leicht, die Suppe vom Löffel in den Mund zu befördern, ohne dabei zu kleckern. Als Firlefanz aufgegessen hatte, war sein T-Shirt mit roten Flecken versehen, sein Mund mit Suppe verschmiert und sogar sein Gesicht hatte zahlreiche rote Sprenkel abbekommen.
„Du siehst aus, als hättest du Windpocken“, witzelte Felix und Firlefanz grinste verlegen. Als er noch unsichtbar war, war das alles einfacher, denn da konnte man die Flecken sowieso nicht sehen.
„Aller Anfang ist schwer“, sagte Linda, „mit der Zeit wird es dir immer besser gelingen.“
Das Essen der Pfannkuchen mit Gabel und Messer war für Firlefanz wesentlich leichter als das Löffeln der Suppe. Und sie schmeckten dazu noch ganz vorzüglich. Gierig schaufelte sich Firlefanz die Pfannkuchen in den Mund und schmatzte geräuschvoll.
„Die Pfannkuchen sind super lecker“, sagte Firlefanz mit vollem Mund, wobei ihm ein Stück Pfannkuchen aus dem Mund zurück auf den Teller fiel.[1]
Linda beobachtete den Kobold mit kritischem Blick und forderte die Kinder auf, ihm die Tischmanieren zu erklären, die sie für das gemeinsame Essen vereinbart hatten. „Wir schaufeln uns nicht so viel auf einmal in den Mund“, sagte Theo. „Und wir schmatzen nicht“, ergänzte Felix. „Und wir sprechen nicht mit vollem Mund“, fügte Amelie hinzu.
„Das ist nämlich alles ziemlich eklig“, meinte Lotti.
„Schon wieder so viele Regeln“, jammerte Firlefanz.
„Es ist wichtig, diese Regeln einzuhalten“, forderte Linda und deutete auf ein Plakat an der Wand, auf dem, ähnlich wie bei den Gesprächsregeln, die Tischmanieren notiert und mit Bildern versehen waren.
„Wenn du dich beim Essen schlecht benimmst und die Tischmanieren nicht beachtest, will irgendwann niemand mehr neben dir sitzen, weil dein Verhalten eklig ist oder andere stört.“ Das wollte Firlefanz natürlich nicht. Er spießte ein kleines Stück Pfannkuchen auf seine Gabel, schob es in den Mund und kaute langsam und sorgfältig mit geschlossenen Lippen.
„Na, siehst du, ist doch gar nicht so schwer“, lobte Linda.
Als Firlefanz seinen Teller geleert hatte, sprang er auf und fragte Linda, ob er nun wieder zum Spielen gehen durfte. „Es ist unhöflich, aufzustehen, während andere noch essen“, antwortete Linda, „deshalb bleiben wir so lange am Tisch sitzen, bis alle fertig sind.“
Der kleine Kobold blieb geduldig sitzen und wartete, bis alle Kinder aufgegessen hatten. Als das Essen beendet war, stellte jedes Kind sein benutztes Geschirr auf ein Tablett und wusch sich anschließend nochmals die Hände.
Firlefanz betrachtete das Plakat mit den Tischregeln und entdeckte ein paar Punkte, die er noch nicht wusste.[2] Er notierte alle Tischregeln in seinem goldenen Büchlein.

[1] Fragen Sie die Kinder, was Firlefanz beim Essen falsch gemacht hat.

[2] Sammeln Sie mit den Kindern Regeln, die bei Ihnen in der Essenssituation wichtig sind. (Sie können hierfür die Karten aus der Vorlage zu Hilfe nehmen).

Richtig Hände waschen

Besprechen Sie mit den Kindern (anhand der Firlefanz-Geschichte), wie die Hände richtig gewaschen werden und in welchen Situationen Händewaschen wichtig ist.
Besprechen Sie die Vorlage und hängen Sie diese im Waschraum des Kindergartens auf, sodass die Kinder sie gut sehen und sich daran orientieren können.

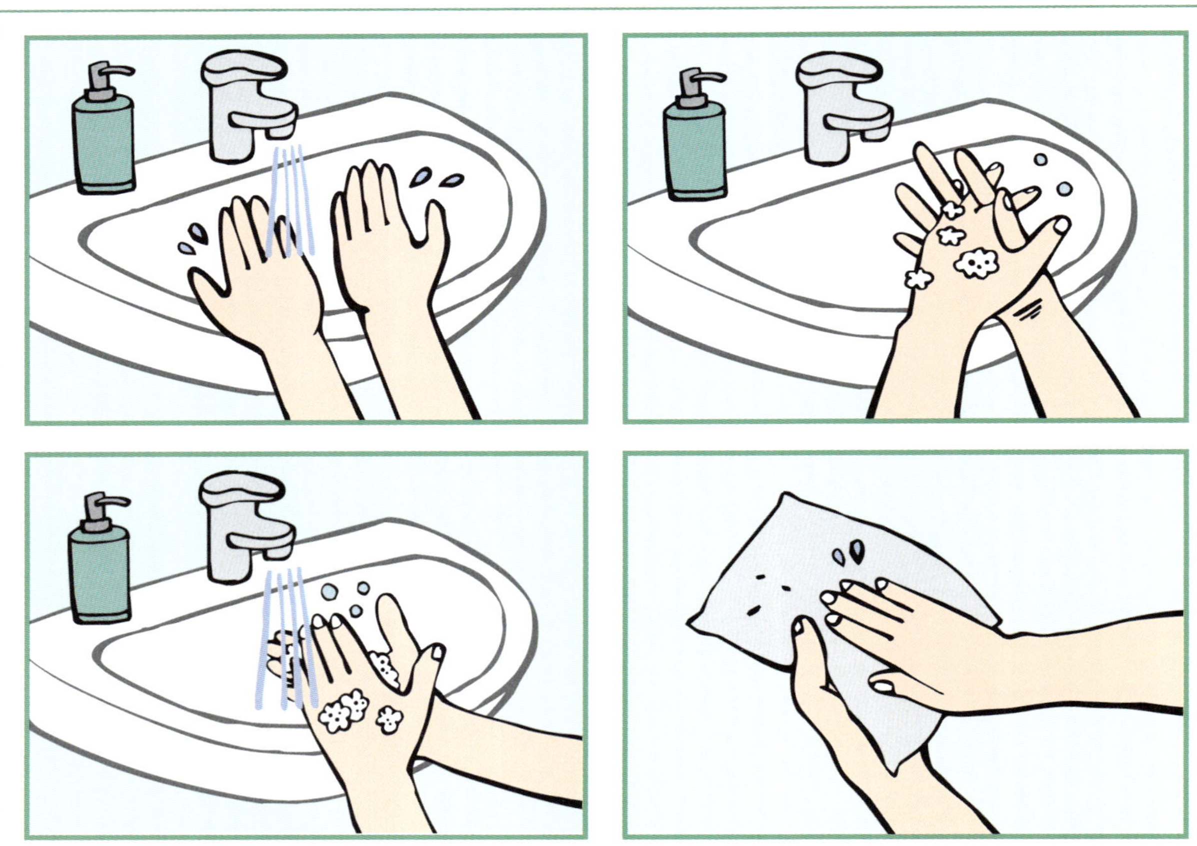

Hände waschen, Hände waschen kann ein jedes Kind,
Hände waschen, Hände waschen, bis sie sauber sind.

Ich mach die Hände nass und nehm Seife dazu,
ich reibe meine Hände, die Seife schäumt im Nu.

Die Hände und die Finger reib ich gründlich ein,
nur so können die Hände bald wieder sauber sein.

Mit dem klaren Wasser spül ich die Hände ab,
und mache sie noch trocken, wenn ich ein Handtuch hab.

EIN FESTMAHL GESTALTEN

Da es im Alltag nicht immer möglich ist, alle Kinder beim gemeinsamen Essen im Blick zu haben und sie zum korrekten Umgang mit Geschirr und Besteck anzuleiten, empfiehlt es sich zum Erlernen der Tischmanieren und Fähigkeiten rund ums Essen, auch mal eine Situation herbeizuführen, in der besonders auf diese Themen eingegangen wird.

Dies können die Gestaltung und Durchführung eines besonderen (Fest-)Mahls sein:

- Hierfür können Sie mit einer Kleingruppe selbst eine Mahlzeit zubereiten und gemeinsam essen.
- Wählen Sie Gerichte, die sich leicht mit den Kindern zubereiten lassen und von möglichst allen Kindern gemocht werden. Dies kann eine schmackhafte Suppe sein, eine Pizza, ein Obstsalat, süße Pfannkuchen, Pudding oder Kuchen.
- Lassen Sie die Kinder den Tisch eindecken. Dieser kann zu diesem Anlass besonders geschmückt werden, z. B. mit farbigen Servietten und Blumenschmuck. Ein festlich gedeckter Mittagstisch oder eine schöne Kaffeetafel mit Kuchen und Kakao sorgen für eine besondere Atmosphäre.
- Vor dem Essen besprechen Sie mit den Kindern die Tischmanieren und fordern sie auf, bei der folgenden Mahlzeit einmal ganz genau darauf zu achten, diese einzuhalten.
- Nehmen Sie sich die Zeit, den Kindern den richtigen Umgang mit dem Besteck zu zeigen. Wie hält man den Löffel richtig? Wie schneidet man mit Messer und Gabel?

In dieser festlichen Atmosphäre, ohne Zeitdruck, mit ausreichend Ruhe in einer kleineren Gruppe bekommt das Essen einen besonderen Stellenwert und die Regeln werden in positiver Art und Weise aufgegriffen und spielerisch geübt.

Servietten falten

Für ein besonderes Festmahl können Sie mit den Kindern Servietten falten.
Eine einfache Möglichkeit ist es, die Serviette einmal in der Mitte aufzufalten und dann die beiden oberen Ecken diagonal zum Mittelpunkt der unteren Seite umzufalten, sodass ein Dreieck entsteht. Dann wird die Serviette in der Mitte wieder zusammengefaltet und kann so aufgestellt werden. Die Zeichnung auf der nächsten Seite verdeutlicht es.

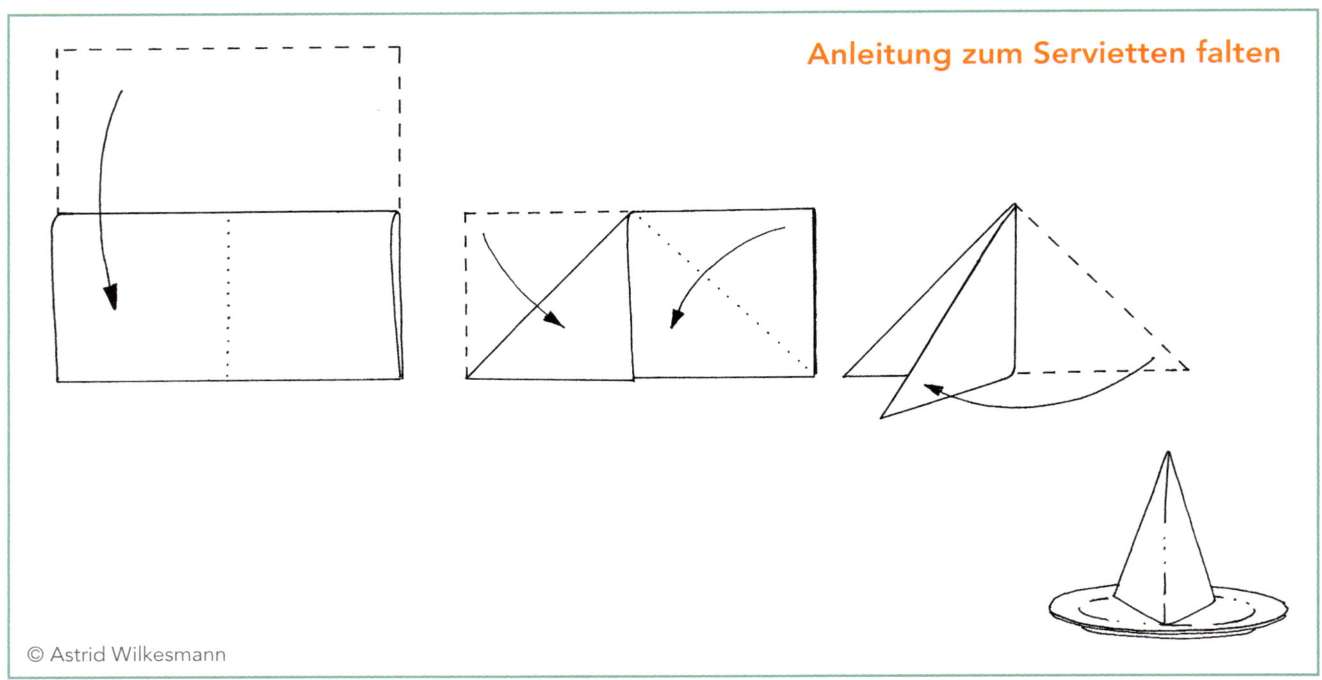

Rituale bei Tisch

Feste Regeln und Rituale sorgen bei Tisch für eine entspannte, angenehme Atmosphäre. Ein Gebet, ein kurzes Lied oder ein gemeinsam aufgesagter Tischspruch dienen als Einstimmung, stärken das Gemeinschaftsgefühl und signalisieren den Kindern den Beginn der gemeinschaftlichen Mahlzeit.

Tischsprüche

Sie können sich einen Tischspruch aussuchen, den Sie täglich vor dem gemeinsamen Essen mit den Kindern sprechen. Schön ist es, wenn sich die Kinder dabei die Hand reichen.
Um für etwas Abwechslung zu sorgen, können Sie einen Tischspruch-Würfel gestalten. Basteln Sie hierzu einen Würfel aus Tonkarton oder besorgen Sie sich einen Würfel mit Einschubtaschen. Beschriften Sie die Seiten mit Ihren Lieblings-Tischsprüchen oder suchen Sie sich welche von den Vorschlägen auf der folgenden Seite aus. Fügen Sie noch ein Bild hinzu, das die Kinder schnell erkennen. So wissen die Kinder nach kurzer Zeit, welchen Spruch sie gewürfelt haben. Vor dem Essen darf immer ein Kind würfeln. Der gewürfelte Spruch wird dann gemeinsam gesprochen.

Es ist auch möglich, die Sprüche auf Zettel zu schreiben, zusammenzufalten und in einer kleinen Schachtel aufzubewahren. Aus dieser darf ein Kind vor dem Essen einen Zettel ziehen und auffalten. Der gezogene Spruch wird dann gemeinsam gesprochen.

TISCHSPRÜCHE

Lirum, Larum, Löffelstiel,
wer nicht still ist, kriegt nicht viel.
Beim Essen muss man leise sein,
sonst geht nichts in den Mund hinein.
Piep, piep, piep, guten Appetit!

Firlefanz, der kleine Wicht,
kennt die Tischregeln noch nicht.
Firlefanz, schau doch mal her,
Tischmanieren sind nicht schwer.
Firlefanz, komm rufe mit,
einen „Guten Appetit".

Alle essen viel: Enjoy your meal.
All essen froh: Buon Appetito!
Alle essen mit: Guten Appetit.

Das Schweinchen ist verfressen
und schmatzt ganz laut beim Essen.
Der alte Schäferhund
kaut laut mit offenem Mund.
Die Ziege, die laut meckert,
hat alles vollgekleckert.
Die Menschen essen fein,
denn so soll es auch sein.

Erst helfen wir beim Decken,
dann lassen wirs uns schmecken.
Wir dürfen nicht vergessen:
Jetzt ist die Zeit fürs Essen.
Wir hörn jetzt auf zu spielen
und sprechen alle mit:
Guten Appetit!!

Löffel in den Mund, Suppe ist gesund.
Nudeln auf der Gabel,
rein in meinen Schnabel.
Mit dem scharfen Messer
geht das Schneiden besser.
Mit meinem Besteck ess ich alles weg.

Alle sitzen still, weil jeder essen will.
Ein jeder isst für sich,
und redet dabei nicht.
Kein Geschmatze, kein Geklecker,
lasst euchs schmecken, lecker, lecker.

Wir wollen unsre Tischmanieren
heut beim Essen nicht verlieren.
Leise sein und nicht viel schwatzen,
sitzen bleiben und nicht schmatzen.
1, 2, 3, 4, 5, 6, 7
Guten Appetit, ihr Lieben!

LIED: „GUTEN APPETIT"

Melodie: trad. (Ein großer, ein runder, ein roter Luftballon), Text: Sabine Gottschalk

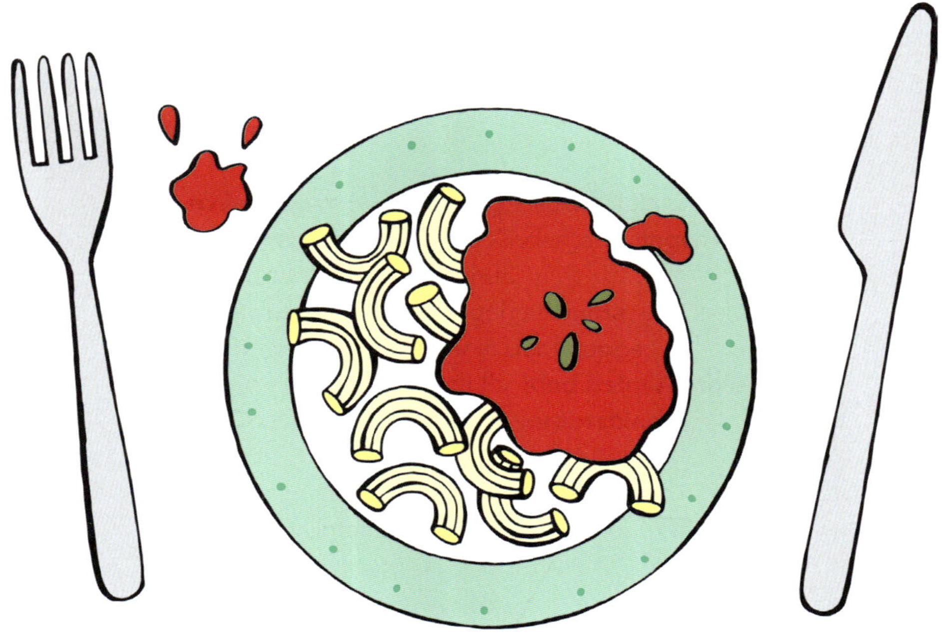

REGELN AM TISCH

Anhand der Karten können Sie mit den Kindern die Tischregeln besprechen und über das Thema Tischmanieren ins Gespräch kommen. Kopieren Sie das Blatt auf dieser und der Folgeseite, vergrößern Sie es ggfs. auf DIN A3 und schneiden Sie die einzelnen Karten aus.
Zeigen Sie den Kindern nun eine Karte. Lassen Sie ein Kind beschreiben, was es auf der Karte sieht, und lassen Sie die Kinder entscheiden, ob das abgebildete Verhalten richtig oder falsch ist. Sie können aus den Karten auch ein Plakat gestalten, das Sie im Essensraum aufhängen, sodass die Tischregeln für die Kinder immer präsent sind. Ebenso ist es möglich, zwei Plakate zu gestalten.
Ein rotes Plakat, auf das alle Karten mit unerwünschten Verhaltensweisen geklebt werden, und ein grünes Plakat, auf dem die Karten mit dem erwünschten Verhalten Platz finden.

Ich nehme kein Spielzeug mit an den Tisch.

Ich schlecke das Messer nicht ab.

Meine Ellbogen gehören nicht auf den Tisch.

Ich kipple nicht mit dem Stuhl.

Ich kaue mit geschlossenem Mund.

Ich fange erst an, zu essen, wenn jeder etwas auf dem Teller hat.

Ich esse mit dem Besteck.

Ich wische meinen Mund mit einer Serviette ab.

Nach dem Essen räume ich mein Geschirr ab.

Ich bleibe sitzen, bis alle Kinder aufgegessen haben.

Vor und nach dem Essen wasche ich meine Hände.

Ich sitze ordentlich auf dem Stuhl. Die Füße gehören unter den Tisch.

Richtig oder falsch

Lesen Sie den Kindern die Sätze vor und lassen Sie die Kinder bestimmen, ob die Aussage richtig oder falsch ist.

Vor und nach dem Essen muss ich meine Hände waschen.	✔
Beim Essen benutze ich das Besteck.	✔
Ich darf mit dem Essen spielen.	✘
Ich muss meinen Teller immer leer essen.	✘
Die Ellbogen gehören beim Essen auf den Tisch.	✘
Ich rede nicht mit vollem Mund.	✔
Ich kaue mit offenem Mund.	✘
Ich esse langsam und schlinge nicht.	✔
Ich darf vom Teller meines Nachbarn essen.	✘
Ich darf das Messer abschlecken.	✘
Ein Bratwurstbrötchen oder einen Muffin darf ich mit den Händen essen.	✔
Ich warte, bis alle fertig gegessen haben, bevor ich vom Tisch aufstehe.	✔
Ich schmatze und schlürfe beim Essen.	✘
Neue Speisen muss ich einmal probieren.	✔
Ich darf während des Essens mit einem Spielzeug spielen.	✘
Ich fange erst mit dem Essen an, wenn jeder am Tisch etwas hat.	✔

TRANSFER IN DEN ALLTAG

Geschirr

Auf die Verwendung von Plastikgeschirr sollten Sie im Kindergarten schon aus gesundheitlichen Aspekten komplett verzichten. Verwenden Sie am besten Geschirr aus robustem Hartglas. Ebenso sollten Sie Trinkgläser (aus gehärtetem Glas) gegenüber Plastikbechern vorziehen. Die Kinder gehen mit Porzellangeschirr erfahrungsgemäß vorsichtiger um als mit Plastikgeschirr. Es fällt ihnen leichter, sich selbst etwas in ein Glas einzuschenken als in einen leichten Plastikbecher. Kleine, durchsichtige Flaschen oder Kannen mit Deckel erleichtern den Kindern das eigenständige Einschenken von Getränken.

Die Kinder mit einbeziehen

Beziehen Sie die Kinder bei den täglichen Arbeiten rund um das Frühstück oder Mittagessen mit ein.
Je nachdem, wie Sie die Essensituationen in Ihrer Kita gestalten, kann jedes Kind seinen Platz selbst decken und abräumen oder Sie richten einen Tischdienst ein, der täglich oder wöchentlich gewechselt wird und der für alle Kinder das Tischdecken übernimmt.
Während bei den ersten Versuchen vermutlich noch etwas Anleitung benötigt wird, ist es für die Kinder meist nach ein bis zwei Durchgängen kein Problem mehr, den Tisch selbstständig zu decken. Die Vorlage zum Tischdecken kann den Kindern behilflich sein und sollte im Essensraum frei zugänglich sein.
Das abschließende Abwischen der Tische ist für die Kinder oft noch schwierig. Sollten Sie diese Arbeit an die Kinder übertragen, ist es aus hygienischen Gründen ratsam, im Anschluss noch mal selbst über die Tische zu wischen.
Kleinere Überschwemmungen oder Kleckereien am Tisch können und sollen von den Kindern selbst beseitigt werden, ebenso können Sie die Kinder auffordern, heruntergefallene Nudeln, Obststücke etc. mit dem Handbesen aufzukehren und zu entsorgen.
Sorgen Sie dafür, dass im Gruppenraum immer ein Eimer mit Wasser und Lappen sowie ein Kehrblech mit Besen bereitsteht und die Kinder Zugang dazu haben.

Das Einräumen von schmutzigem Geschirr in die Spülmaschine gehört im Kindergarten in die Hände von Erwachsenen. Beim Ausräumen des sauberen Geschirrs können die Kinder aber ruhig beteiligt werden, soweit die Spülmaschine und die Geschirrschränke für die Kinder gut erreichbar sind.

Umgang mit Geschirr und Besteck

Das Erlernen von feinmotorischen Fähigkeiten im Umgang mit Geschirr und Besteck kann nur gelingen, wenn die Kinder die Möglichkeit bekommen, viele Dinge selbst zu machen.
Beziehen Sie die Kinder soweit wie möglich schon beim Zubereiten von Speisen mit ein, z. B. beim Vorbereiten des Frühstücks, beim Broteschmieren, Obstschneiden, Kuchenbacken etc.
Legen Sie beim Essen Wert darauf, dass die Kinder mit Besteck essen, sie dieses richtig halten und die Finger außen vorgelassen werden. Erinnern Sie die Kinder immer wieder daran.
Lassen Sie motorisch geschickte Kinder ihre Speisen selbst schneiden. Geben Sie jüngeren oder unsicheren Kindern Hilfestellung, soweit dies zeitlich möglich ist, anstatt ihnen alles vorzuschneiden.
Lassen Sie die Kinder ihre Getränke selbst einschenken. Verwenden Sie kleine Flaschen oder Kannen mit Deckel, um den Kindern das eigenständige Einschenken zu erleichtern.
Wird beim Versuch, sich ein Getränk einzuschenken, etwas verschüttet oder fällt beim Schneiden ein Stück Fleisch auf den Boden, kostet dies zwar etwas an Nerven, darf aber nie ein Grund sein, um das Kind für den unabsichtlichen, verunglückten Versuch zu schimpfen. Bleiben Sie gelassen und lassen Sie das Missgeschick möglichst vom Kind selbst beseitigen. Machen Sie sich immer wieder bewusst, dass Kinder solche Missgeschicke nicht mit Absicht machen und daher ein Tadel unangebracht ist.

Einhalten von Regeln und Tischmanieren

Haben Sie die Regeln mit den Kindern eingeführt und besprochen, ist es wichtig, diese im Alltag immer wieder in Erinnerung zu rufen und konsequent einzufordern. Auch wenn dies oft mühsam ist, geben Sie nicht auf und bleiben Sie dran. Gutes Verhalten der Kinder bei Tisch ist sowohl für die Kinder selbst als auch für Eltern und Erzieher ein erstrebenswertes Ziel, denn eine entspannte und gepflegte Essensituation ist viel Wert.
Ermutigen Sie auch die Kinder, sich untereinander darauf hinzuweisen, wenn jemand die Tischmanieren missachtet. So müssen nicht immer Sie die „Nörgel-Tante" spielen und sind gleichzeitig entlastet.
Das Plakat mit den Tischregeln kann, im Essensraum gut sichtbar aufgehängt, eine Erleichterung bei der Umsetzung der Tischmanieren sein. Die Kinder haben die Regeln so immer vor Augen und Sie können stellenweise auch auf den entsprechenden Punkt auf dem Plakat verweisen, anstatt andauernd verbal in Aktion zu sein.
Loben Sie die Kinder für Fortschritte oder gutes Benehmen bei Tisch. Wenn das Kind z. B. sein Schnitzel selbst geschnitten hat oder komplett ohne zu kleckern gegessen hat, dürfen Sie dies natürlich positiv hervorheben. Wenn Sie einen Plüschkobold haben, können Sie diesen als Belohnung einsetzen. Er darf beim nächsten Essen neben einem Kind sitzen, dass sich in der aktuellen Essensituation sehr vorbildlich verhalten hat.

Übungssituationen im Freispiel schaffen

Auch außerhalb der eigentlichen Essensituation können Sie Fähigkeiten rund um den Tisch trainieren.

- Eine fest installierte Getränkestation mit Gläsern und befüllten Flaschen/Kannen, an der sich die Kinder jederzeit mit Getränken versorgen können, darf in keinem Kindergarten fehlen.
- Lassen Sie die Kinder die Blumen im Kindergarten (innen und außen) gießen. Das Wasserausgießen aus der Gießkanne ist leichter als das Einschenken aus einer Flasche, erfordert weniger Genauigkeit und trainiert spielerisch die Feinmotorik.
- Auch eine Wasserstation im Garten mit großen Wasserbehältern, Bechern, Kannen, Flaschen etc. macht die Kinder mit Wasser und dessen Eigenschaften beim Eingießen, Umfüllen und Ausschütten vertraut.
- Statten Sie den Kindern in der Puppenecke einmal einen Besuch zum Essen oder Kaffeetrinken ab und fordern Sie die Kinder auf, den Tisch ordnungsgemäß mit Puppengeschirr einzudecken.
- Bestücken Sie die Knetgummikiste mit ein paar alten Gabeln und stumpfen Messern. Würste formen und zerschneiden oder Muster mit der Gabel malen macht Spaß und trainiert nebenbei den Umgang mit Besteck sowie die feinmotorischen Fähigkeiten der Kinder.

TISCHMANIEREN HINTERFRAGT – AKTUELL ODER DOCH VON GESTERN?

Aufstehen und Rumlaufen

Die Regel „Niemand verlässt den Tisch, bis alle aufgegessen haben" sollte fester Bestandteil der Esskultur sein. Steht ständig jemand auf, kehrt keine Ruhe ein. Außerdem besteht die Gefahr, dass ein Kind vorzeitig aufsteht, weil es spielen will, obwohl es noch gar nicht richtig satt ist. Dann kommt es nach kurzer Zeit wieder und verlangt Nachschub. Machen Sie deutlich, dass alle, solange wie noch jemand isst, am Tisch sitzen.

Kein Spielzeug am Tisch

Zum guten Benehmen am Tisch gehört auch, dass sich alle Beteiligten gegenseitig Aufmerksamkeit schenken und das Essen Priorität hat. Spielsachen, Bücher, Smartphones oder Ähnliches haben während des Essens nichts am Tisch zu suchen.
Ein Kind soll lernen, das Essen zu würdigen, die gemeinsame Zeit zu genießen und sich längere Zeit auf eine Sache zu konzentrieren.

Mit dem Essen spielt man nicht

Der Satz „Mit dem Essen spielt man nicht" zählt seit jeher zu den Tischmanieren und hat nach wie vor nichts von seiner Aktualität und Wichtigkeit verloren. Im Kindergartenalter können Sie von einem Kind verlangen, dass das Essen vom Teller direkt in den Mund wandert. Erklären Sie dem Kind, warum man mit Essen nicht spielt. Essen ist wertvoll und etwas Besonders, es macht satt und ist wichtig für unseren Körper. Es soll daher nicht durch Herumspielen verschwendet werden.

Was auf den Tisch kommt, wird gegessen, oder etwa nicht?

Sie entscheiden, was auf den Tisch kommt. Das Kind entscheidet, was es davon essen möchte. Es sollte immer eine Komponente enthalten sein, die dem Kind schmeckt. Gibt es z. B. Nudeln mit Soße und Salat, kann das Kind im Zweifelsfall nur die Nudeln essen. Wichtig ist aber, dass es auch die anderen Komponenten zumindest probieren muss. Ein kleines Salatblatt und ein Klecks Soße sind für jedes Kind zumutbar.
Kinder müssen ein Essen teilweise über 10-mal probiert haben, bevor sie daran Geschmack finden. Bleiben Sie auch bei unbeliebten Speisen konsequent, tischen Sie diese immer wieder auf und fordern Sie von dem Kind stets, zumindest ein winziges Stückchen zu probieren.
Auch das Zubereiten von Speisen gemeinsam mit dem Kind kann dabei helfen, dass ihm das Essen im Anschluss besser schmeckt oder es zumindest bereitwillig probiert.
Isst das Kind bei Tisch nur wenig, kann es daran liegen, dass es keinen Hunger hat, weil es vielleicht zwischen den Hauptmahlzeiten (dies gilt mehr für zu Hause) zu viele Snacks zu sich genommen hat. Achten Sie darauf, dass Zwischenmahlzeiten nicht überhandnehmen und nicht so attraktiv sind, dass die Hauptmahlzeit darunter leidet. Dass es kurz vor der Hauptmahlzeit keinen Snack mehr gibt, sollte selbstverständlich sein.
Die These, dass Kinder unbedingt aufessen sollen, was auf dem Teller liegt, ist längst überholt. Diese Maßnahme verhindert, dass Kinder ein Sättigungsgefühl entwickeln und auf dieses hören. Die Folge kann sich als Übergewicht bis ins Erwachsenenalter hineinziehen.
Sie sollten allerdings schon darauf achten, dass sich das Kind nicht zu große Portionen nimmt (oder Sie zu große Portionen austeilen). Besser mit kleinen Portionen beginnen und bei Bedarf nachholen/nachreichen. Im Kindergartenalter kann man verlangen, dass Kinder in etwa einschätzen können, wie viel sie essen möchten, und ein selbst gewählte Portionsmenge auch aufessen.

LIEBE ELTERN,

es gibt zahlreiche Regeln und Rituale, die beim gemeinsamen Essen für eine entspannte Atmosphäre sorgen und Ihrem Kind das richtige Verhalten am Tisch näherbringen. Diese Tischmanieren müssen von Ihrem Kind erst einmal verstanden und gelernt werden. Für eine gelungene Umsetzung haben wir hier für Sie Tipps und Anregungen zusammengestellt.

Vorbild sein
Entscheiden Sie vorab, welche Tischmanieren Ihnen wichtig sind, und achten Sie immer darauf, dass Sie die Regeln, die Sie Ihrem Kind beibringen möchten, auch selbst stets einhalten und vorleben. Mutter, Vater oder große Geschwister sind für Kinder wichtige Vorbilder, von denen sie sich vieles abschauen, auch das Verhalten am Esstisch.

Lob und Tadel
Denken Sie daran, Ihr Kind bei Tisch nicht nur auf Regeln hinzuweisen und für Fehler zu tadeln, sondern loben Sie es auch, wenn es sauber und ordentlich gegessen hat.
Wenn Sie Ihr Kind immer nur auf sein Fehlverhalten hinweisen, verliert es irgendwann die Lust am Essen. Erinnern Sie Ihr Kind kurz und knapp an die vereinbarten Regeln, wenn es sich danebenbenimmt, und verfallen Sie nicht in endlose Monologe oder Diskussionen. Dadurch besteht die Gefahr, dass Ihr Kind auf Durchzug schaltet.
Natürlich sind Wiederholungen wichtig und nur dadurch lernt Ihr Kind langfristig, Gelerntes zu verinnerlichen. Bleiben Sie dran, aber übertreiben Sie es auch nicht.

Gemeinsame Mahlzeiten
In jeder Familie sollten alle Familienmitglieder mindestens einmal am Tag zu einer festen Essenszeit zusammenkommen und gemeinsam am Tisch sitzen. Dieses Ritual dient nicht nur dem Sattwerden, sondern bietet darüber hinaus ein Gemeinschaftserlebnis für Ihre ganze Familie, bei dem Sie zur Ruhe kommen und sich gegenseitig austauschen können. Planen Sie genügend Zeit ein und sorgen Sie für eine entspannte Stimmung, sodass der Esstisch nicht zum Stresstisch wird und Sie die gemeinsame Zeit genießen können. Besonders geeignet ist hierfür ein gemeinsames Abendessen, wenn alle Familienmitglieder zu Hause sind und sich über den Tag austauschen können. In Gesellschaft schmeckt das Essen meist gleich viel besser und Ihr Kind hat beim gemeinsamen Essen die Möglichkeit, sich die Tischmanieren bei Ihnen abzugucken.
Gemeinsame Rituale, wie das Aufsagen eines Tischspruchs vor dem Essen, geben Struktur und sorgen für Spaß und eine angenehme Atmosphäre.
Sollte es Ihnen unter der Woche nicht möglich sein, alle Familienmitglieder an einen Tisch zu bringen, sollte zumindest ein Elternteil mit dem Kind zusammen essen und das gemeinsame Familienessen am Wochenende nachgeholt werden.

Geduld

Es gibt immer wieder Kinder, die beim Essen sehr langsam sind oder trödeln. Drängeln und ständiges Ermahnen hilft hier meist nicht weiter. Wenn Sie feststellen, dass Ihr Kind beim Essen absichtlich trödelt oder einfach sehr langsam isst, dürfen Sie nach einem gewissen Zeitraum den Tisch verlassen und mit dem Abräumen beginnen. Ihr Kind muss dann allein zu Ende essen. Diese Maßnahme ist oft die einzige Möglichkeit, dass Ihr Kind sich etwas „beeilt". Akzeptieren Sie es nicht, wenn Ihr Kind in einer solchen Situation behauptet, es sei satt, und auch aufstehen möchte. Kleine Portionen werden bis zum Ende aufgegessen. Hat das Kind noch sehr viel auf dem Teller und schafft dies vermutlich nicht, teilen Sie die Portion in zwei Hälften und fordern Sie Ihr Kind auf, eine Hälfte selbstständig aufzuessen.

Tischregeln festlegen

Klar formulierte Tischregeln bieten Ihrem Kind Orientierung und sorgen für Entspannung und einen strukturierten Ablauf bei Tisch.
Überlegen Sie sich als Eltern, welche Tischregeln Ihnen wichtig sind. Besprechen Sie Regeln mit ihrem Kind, sodass es diese auch nachvollziehen kann und versteht, warum sie wichtig sind. Wenn Ihr Kind die aufgestellten Regeln verinnerlichen soll, ist Konsequenz und ständige Wiederholung der Schlüssel zum Erfolg.
Langfristig ist es schwieriger, Ihrem Kind negative Verhaltensweisen, wie z. B. das Lümmeln auf dem Stuhl, wieder abzugewöhnen. Seien Sie deshalb von Anfang an konsequent bei der Umsetzung der aufgestellten Regeln.
Lassen Sie sich von Ihrem Kind nicht provozieren, wenn es absichtlich die Regeln missachtet, z. B. schmatzt oder laut rülpst. Bleiben Sie ernst, lachen Sie nicht und weisen Sie Ihr Kind darauf hin, dass Sie und andere dieses Verhalten eklig finden.
Schenken Sie dem Verhalten nicht mehr Beachtung als nötig, denn wenn die damit meist ersehnte Aufmerksamkeit ausbleibt, wird es für Ihr Kind schnell uninteressant.

Folgende Grundregeln können am Esstisch zum Einsatz kommen

- Vor und nach dem Essen waschen wir uns die Hände.
- Wir nehmen uns erst eine kleine Portion und holen uns bei Bedarf etwas nach.
- Wir beginnen erst mit dem Essen, wenn jeder etwas auf dem Teller hat.
- Spielzeuge und Smartphones haben auf dem Esstisch nichts zu suchen.
- Wir essen mit Besteck und nicht mit den Händen.
- Wir spielen nicht mit dem Essen.
- Wir stehen während des Essens nicht auf.
- Wir schmatzen, rülpsen und schlingen nicht.
- Wir sprechen nicht mit vollem Mund.
- Wir sitzen aufrecht am Tisch, die Füße sind unter dem Tisch, die Ellbogen befinden sich nicht auf dem Tisch.
- Wir bleiben sitzen, bis alle fertig gegessen haben.

ALLTAGSFERTIGKEITEN UND HYGIENEREGELN

TOILETTENGANG

GESCHICHTE: FIRLEFANZ AUF DEM STILLEN ÖRTCHEN

Lotti und Firlefanz spielten zusammen in der Puppenecke. Lotti legte der Babypuppe gerade eine Windel an und erklärte Firlefanz stolz, dass sie selbst seit einigen Wochen keine Windel mehr brauche und schon allein aufs Klo gehen könne. „Du, Firlefanz. Müssen Kobolde eigentlich auch aufs Klo?", fragte Lotti neugierig.

„Klarifari", kicherte Firlefanz. „Ich esse und trinke ja auch etwas, deshalb muss ich natürlich auch mal aufs Klo."

„Kannst du mich vielleicht begleiten? Ich fühl mich noch ein bisschen unwohl, wenn ich allein aufs Klo gehe", gestand Lotti.

Der Kobold hatte nichts dagegen. Immerhin hatten ihm die Kinder schon so oft bei etwas geholfen und er freute sich, dass nun er einmal behilflich sein konnte.

Firlefanz ging in die Kabine neben Lotti. „Alles gut bei dir?", rief er zu ihr hinüber. „Ich denke schon", sagte Lotti etwas zögerlich.

„Mache einfach das, was ich sage", entgegnete der Kobold. Er kramte sein goldenes Büchlein hervor. Hier hatte er einmal ein kleines Sprüchlein gedichtet, als es ihm auf dem stillen Örtchen langweilig war. Er begann, es laut vorzulesen:[1]

„Ich setz mich ruhig aufs Klo,
das macht ein jeder so.
Denn wenn man zappelt oder steht,
kanns sein, dass was danebengeht.
Genau hier neben mir
hängt das Klopapier.
Ich nehm es Blatt für Blatt
und wisch mich damit ab.
So werd ich wieder sauber,
das ist der ganze Zauber.
Ich spüle alles weg,
doch bleibt noch etwas Dreck,
hol ich die Klobürste herbei,
im Nu ist's sauber, eins, zwei, drei.
Deckel schließen, das ist klar,
ich bin fertig, wunderbar.
Die Hände sollen sauber sein,
drum wasch ich sie mit Seife rein.
Ich bin schon groß und nicht mehr klein,
aufs Klo gehen kann ich ganz allein."

Lotti folgte den Anweisungen, die Firlefanz vor sich hin reimte, und lächelte den Kobold dankbar an, als sie sich neben ihm die Hände abtrocknete.

„Danke, Firlefanz. Mit deiner Hilfe war das gar nicht schwer", sagte Lotti dankbar. „Gern geschehen", antwortete Firlefanz. „Wollen wir weiterspielen?" Lotti nickte und die beiden Freunde gingen zurück in die Puppenecke.[2]

[1] Lassen Sie die Kinder die Reimwörter ergänzen.

[2] Wiederholen Sie mit den Kindern den richtigen Ablauf beim Toilettengang.

„UNSERE TOILETTENREGELN"

TRANSFER IN DEN ALLTAG

Sauberkeitserziehung ist ein wichtiger Bereich im Kindergarten. Je nach Entwicklungsstand des Kindes ist es nötig, das Kind dabei zu unterstützen, zu begleiten und die Toilettenregeln im Alltag immer wieder anzusprechen und zu kontrollieren. Hier finden Sie einige Tipps und Hinweise zum Thema:

- Eine gut ausgestattete Kindertoilette bildet die Grundlage für einen gut funktionierenden Ablauf beim WC-Gang. Die Höhe der WCs sollte für die Kinder angemessen sein, sodass sie dieses gut erreichen. Evtl. ist für kleinere Kinder ein Toilettenhocker sinnvoll. Klopapier sollte immer aufgefüllt und für die Kinder vom WC aus gut erreichbar sein. Besonders für jüngere Kinder schafft feuchtes Toilettenpapier eine Erleichterung beim Abputzen nach dem großen Geschäft. Die Spülung sollte für die Kinder leicht zu bedienen sein, die Klobürste gut erreichbar. Des Weiteren sollten Waschbecken, Seife und Handtücher für die Kinder gut zugänglich sein. Verwenden Sie Einmalhandtücher oder für jedes Kind ein eigenes Handtuch, das regelmäßig gewechselt wird.
- Auch wenn Kinder bereits sauber sind, kann es im Alltag immer mal wieder passieren, dass etwas in die Hose geht, z. B. weil die Kinder im Spiel versunken sind. Um dies zu vermeiden, schicken Sie solche Kinder regelmäßig auf die Toilette, insbesondere auch vor dem Gang in den Garten oder vor Ausflügen.
- Jedes Kind sollte einen Beutel mit eigener Wechselkleidung im Kindergarten deponiert haben.
- Sollte ein Kind in die Hose gemacht haben, reagieren Sie angemessen. Bleiben Sie ruhig, fordern Sie das Kind auf, sich selbstständig umzuziehen, und leisten Sie ggf. Hilfestellung oder trösten Sie das Kind. Machen Sie dem Kind keine Vorwürfe und stellen Sie es nicht vor der Gruppe bloß. Dadurch bauen Sie nur unnötig Druck auf.
- Jüngere Kinder brauchen beim Toilettengang oft noch Unterstützung. Begleiten Sie solche Kinder oder vereinbaren Sie, dass das Kind Sie ruft, sobald es fertig ist. Besonders beim Abputzen nach dem großen Geschäft brauchen jüngere Kinder oft noch Hilfestellung. Hier müssen Sie sehr individuell vorgehen und die Fähigkeiten der Kinder beachten. Evtl. ist es nötig, dass Sie das Kind selbst abputzen. Kommentieren Sie Ihre Abläufe und machen Sie diese so für das Kind verständlich und nachvollziehbar. Kinder, die schon weiterentwickelt sind, versuchen Sie zur Selbstständigkeit zu erziehen. Erklären Sie dem Kind, wie es sich richtig abputzt. Das Kind soll sich selbst so lange abputzen, bis das Klopapier sauber bleibt. Es spricht nichts dagegen, trotzdem selbst noch einmal „nachzuputzen".
- Zeigen Sie dem Kind, wie es (falls nötig) die Klobürste verwendet und sich richtig die Hände wäscht.
- Besprechen Sie regelmäßig mit den Kindern die Toilettenregeln, z. B. am Anfang des neuen Kindergartenjahres oder auch zwischendurch, wenn Sie feststellen, dass der Toilettenraum oft verdreckt zurückgelassen wird oder die Kinder dort Unfug treiben.

ORDNUNG HALTEN UND AUFRÄUMEN

GESCHICHTE: FIRLEFANZ RÄUMT AUF

Die Kinder spielten gerade friedlich im Gruppenraum, als Linda das Glockenspiel läutete und rief: „Alle Kinder räumen auf, wir treffen uns gleich im Stuhlkreis."

„Oh ja, Stuhlkreis", rief Firlefanz begeistert und wollte gerade die Puppenecke verlassen, in der er mit Lotti spielte. „Hey Firlefanz, du musst zuerst mit mir aufräumen", beschwerte sich Lotti. „Aufräumen ist doof. Das liegt nicht in meiner Natur", jammerte Firlefanz, „immerhin bin ich ein Kobold und Kobolde lieben es, Unordnung zu stiften und Dinge zu verstecken. Als ich noch unsichtbar war, habe ich das ständig gemacht."

Firlefanz erinnerte sich an die Streiche, die er im Kindergarten oft gespielt hatte. Einmal hatte er abends in der Garderobe alle Hausschuhe der Kinder vertauscht. Am Morgen, als die Kinder in den Kindergarten kamen, war das Chaos groß und alle fragten sich, wer wohl für diesen Streich verantwortlich war.

Ein anderes Mal hatte Firlefanz Lindas Liederbuch versteckt, da er seine Ruhe haben wollte, und einmal hatte er den Salzstreuer mit Zucker befüllt und amüsiert beobachtet, wie sich die Kinder wunderten, dass ihre Frühstückseier so süß schmeckten.

Ja, Schabernack hatte er allerhand getrieben, aufgeräumt hatte er hingegen noch nie.

„Muss das denn wirklich sein?", erkundigte sich der Kobold bei Lotti.

„Ja, das muss sein", bestätigte das blonde Mädchen. „Es gehört zu unseren Regeln, dass wir die Sachen, mit denen wir gespielt haben, am Ende wieder aufräumen. Sonst sieht es bei uns im Kindergarten ganz unordentlich aus und außerdem kann man später nichts mehr finden, wenn man die Sachen nicht wieder an ihren Platz räumt. Und du hast Linda versprochen, dich an unsere Regeln zu halten, solange du bei uns bist."

Der Kobold nickte. „Versprochen ist versprochen und wird auch nicht gebrochen", sagte Firlefanz und begann damit, die Puppenkleider zusammenzufalten und in den Schrank zu legen. Dann räumte er mit Lotti das Puppengeschirr in den Geschirrschrank und legte die Puppen ordentlich in die Wiege.

„Chaos machen und spielen ist eindeutig lustiger als aufräumen", stöhnte Firlefanz, als schließlich alle Spielsachen ordentlich verstaut waren.

Firlefanz zückte sein goldenes Büchlein und vermerkte sich ein Sprüchlein.[1]

Nach dem Spielen, das muss sein,
räume ich mein Spielzeug ein.
Ich räume alles auf, dort, wo es hingehört,
dann tritt niemand darauf und niemand
ist gestört.[2]

[1] Lassen Sie die Kinder die Reimwörter ergänzen oder den Spruch wiederholen.

[2] Besprechen Sie mit den Kindern, warum es wichtig ist, aufzuräumen. So können sie den Sinn hinter dieser oft mühsamen Tätigkeit besser verstehen und akzeptieren. Folgende Punkte können Sie mit den Kindern erarbeiten:

- Spielsachen und Kleidungsstücke müssen aufgeräumt werden und Orte ordentlich hinterlassen werden, sodass der Kindergarten schön und ordentlich aussieht, genug Platz zum Spielen und Gehen ist und sich alle wohlfühlen.
- Spielsachen müssen an einem festen Ort aufgeräumt werden, sodass sie leicht zu finden sind, wenn man sie benötigt.
- Wenn Spielsachen auf dem Boden liegen, können Kinder oder Erwachsene darauf treten und sich daran verletzen oder das Spielzeug kaputt machen.
- Der Boden muss frei von Spielsachen sein, damit die Reinigungskraft am Abend putzen kann.
- Die Spielsachen und -geräte im Garten müssen in das Gartenhäuschen geräumt werden, sodass sie über Nacht niemand stehlen kann.

Lied: Das Aufräum-Lied

Melodie: trad. (A, a, a – der Winter, der ist da), Text: Sabine Gottschalk

Beginnen Sie die Aufräumzeit mit dem Aufräum-Lied. Anstatt eines Rufes oder einer schlichten Anweisung „Alle Kinder räumen auf!" stimmen Sie das Aufräum-Lied an, welches einen harmonischen Übergang vom Spiel zum Aufräumen bildet. Die Kinder singen das Lied mit und beginnen anschließend mit dem Aufräumen.

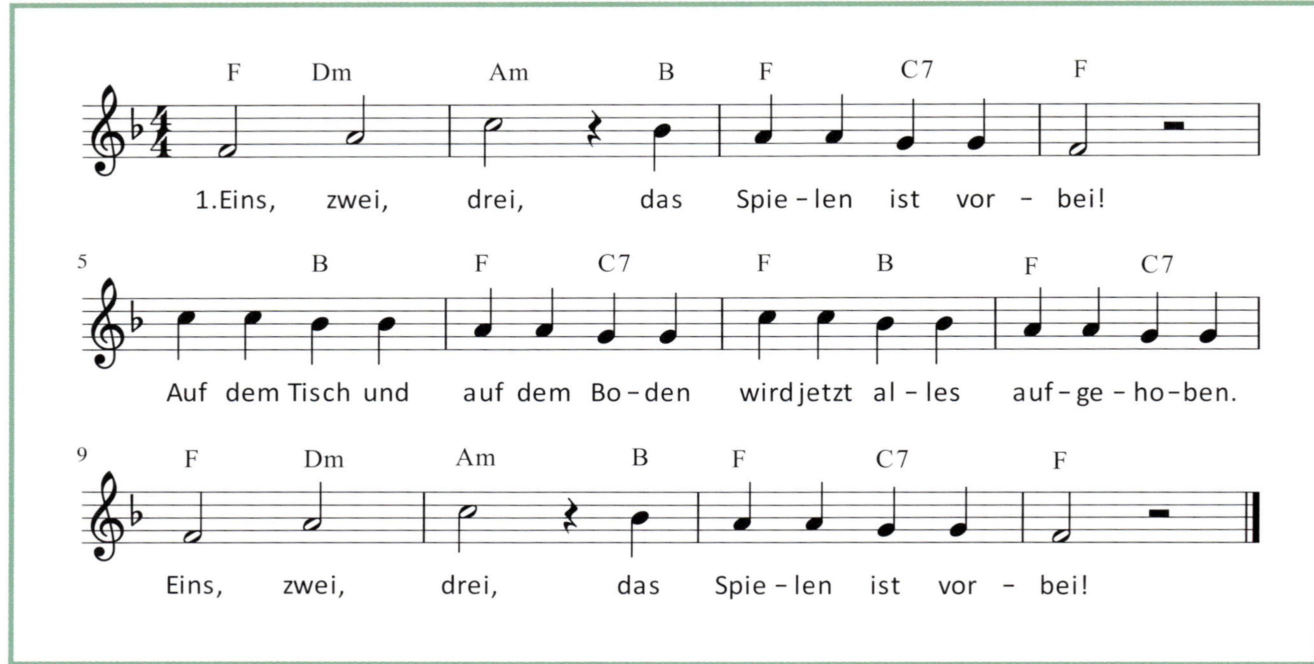

Spiele zum Thema Aufräumen

Aufräum-Fee

Eine Handpuppe oder Stofffigur in Form einer Fee wird den Kindern als die „Aufräum-Fee" vorgestellt. Sie liebt Ordnung und Sauberkeit im Kindergarten und kontrolliert deshalb, ob die Kinder ihre Spielsachen aufgeräumt haben und alles ordentlich an seinem Platz steht.
Treffen sich z. B. nach der Freispielzeit alle Kinder im Stuhlkreis, fliegt die Aufräum-Fee durch den Kindergarten und besichtigt alle Ecken. Sie erklärt den Kindern, wo noch etwas herumliegt, und bittet die Kinder um Hilfe beim Aufräumen. Wenn Sie wissen, welche Kinder zuletzt in dem Spielbereich waren, können Sie diese direkt ansprechen und auffordern, hier aufzuräumen. Wenn Sie es nicht mehr genau wissen, fragen Sie einfach allgemein: „Wer kann die restlichen Bausteine in die Kiste räumen?" Bestimmt gibt es viele freiwillige Helfer, die der Aufräum-Fee helfen möchten. Natürlich besteht die Gefahr, dass sich immer dieselben Kinder melden. Dann kann die Aufräum-Fee auch direkt Kinder ansprechen. „Lara und Marlene, könnt ihr bitte die Lebensmittel in den Kaufladen einräumen?"
Die Aufräum-Fee lobt und bedankt sich bei den Kindern, die ihr geholfen haben. Sie kann auch eine Belohnung in Form eines Stempels, eines Aufklebers oder eines kleinen Glitzer-Tattoos an die kleinen Helfer verteilen oder einen Wunsch erfüllen (z. B. dürfen sich die Aufräumkinder ein Kreisspiel wünschen). Ist der ganze Kindergarten ordentlich aufgeräumt und die Aufräum-Fee hat nichts zu beanstanden, können Sie an alle Kinder einen Stempel verteilen. Die Aufräum-Fee kann hin und wieder verschwinden und tage- oder wochenweise wieder auftauchen, wenn das Aufräumverhalten der Kinder nachlässt. Die Aufräum-Fee hilft Ihnen dabei, das Aufräumen spielerisch zu unterstützen. Sie fördert die Bereitschaft der Kinder, aufzuräumen, in einem spielerischen Rahmen und mit positiver Verstärkung. Sie selbst müssen so beim Aufräumen nicht die Rolle der „meckernden Erzieherin" einnehmen.
Bastel-Tipp: Basteln Sie die Aufräum-Fee ganz einfach aus einer Plastikrose. Entfernen Sie die Blätter vom Stiel, die Blüte bildet das Kleid der Fee. Fädeln Sie auf den Stiel eine Holzperle für den Kopf. Malen Sie ein Gesicht auf die Perle und kleben Sie aus Wolle Haare an die Kugel. Aus Pfeifenputzern formen Sie Flügel und biegen diese zwischen Blüte und Kopf am Stiel fest. Das obere Ende des Stieles biegen Sie ein wenig um, sodass Sie die Fee aufhängen können.

Das Spielzeug-Fresserchen

Bekleben Sie eine große Kiste oder einen Karton mit dem Gesicht eines kleinen Monsters.
Nach dem Aufräumen kontrollieren Sie die Spielbereiche im Kindergarten und sammeln alle herumliegenden Dinge in dieser Kiste.
Stellen Sie die Kiste in die Mitte des Stuhlkreises und fragen Sie die Kinder, ob sie eine Idee haben, warum sich diese Dinge in der Kiste befinden. Schnell werden die Kinder erkennen, dass es sich dabei um die Sachen handelt, die nicht aufgeräumt waren.

Nun können einige Kinder die Sachen am dafür vorgesehenen Platz aufräumen. Überprüfen Sie gemeinsam mit den Kindern am nächsten Tag, ob weniger oder mehr Dinge im Schlund des Spielzeug-Fresserchens gelandet sind.
Sie können auch festlegen, dass alle Dinge in der Kiste für einen bestimmten Zeitraum verschwinden und von den Kindern nicht verwendet werden dürfen. Befinden sich neben Spielzeug z. B. viele Malblätter und Schnipsel in der Kiste, kann das Malpapier für einen Tag aus der Malecke entfernt werden.
Befinden sich in der Kiste persönliche Dinge der Kinder, z. B. mitgebrachte Spielzeuge oder Hausschuhe, können Sie dem Kind eine Aufgabe stellen, die es erfüllen muss, bevor es seine Sachen vom Spielzeug-Fresserchen zurückbekommt, z. B. die Kuschelecke besonders schön aufräumen, die Stifte am Maltisch sortieren, den Tisch für das Mittagessen decken oder den Stuhlkreis mit aufräumen.
Liegen in der Garderobe noch Hausschuhe auf dem Boden, nachdem die Kinder in den Garten gegangen sind, können diese ebenfalls vom Spielzeug-Fresserchen eingesammelt und später gegen eine Aufgabe oder Konsequenz zurückerhalten werden.
Während die Aufräum-Fee mit positiver Verstärkung arbeitet, arbeitet das Spielzeug-Fresserchen mit (negativen) Konsequenzen. Beide Methoden haben je nach Gruppensituation ihre Berechtigung und können sinnvoll eingesetzt werden.

Stopp-Tanz

Machen Sie Musik an und tanzen Sie mit den Kindern im Zimmer. Drücken Sie die Stopptaste, muss jedes Kind fünf Dinge aufräumen. In der nächsten Runde darf eines der Kinder die Stopptaste drücken und alle anderen Kinder räumen fünf Dinge auf usw.

Ich sehe was, was du nicht siehst

Sagen Sie einen Satz, z. B. „Ich sehe was, was du nicht siehst, und das ist rot." Nun muss jedes Kind einen roten Gegenstand suchen und aufräumen. In der nächsten Runde darf jeweils ein anderes Kind den Satz sagen.

Aufräumen nach Farben

Etwas schneller als das vorherige Spiel geht Aufräumen nach Farben. Lassen Sie jedes Kind eine Farbe wählen und jeder räumt dann alle Dinge in der gewählten Farbe auf.

Lose ziehen

Unterteilen Sie das große Spielzeug-Chaos in kleine Teile und notieren Sie diese auf Notizzetteln, z. B. Bausteine/Bücher/Spielteppich/Schreibtisch aufräumen. Jedes Kind zieht einen Zettel aus dem Lostopf und räumt den entsprechenden Bereich auf. Am nächsten Tag wird ein neuer Zettel gezogen.

Würfel-Spiel

Lassen Sie die Kinder abwechselnd würfeln. Jedes räumt so viele Dinge auf, wie es Punkte auf dem Würfel hat.

TRANSFER IN DEN ALLTAG

Systematik

Es fällt den Kindern leichter, Ordnung zu halten, wenn es eine gewisse Systematik gibt, also alles seinen festen Platz hat. Für jede Art von Spielzeug sollte es ein Behältnis oder einen bestimmten Ort im Zimmer geben, wo es außerhalb des Spiels verwahrt wird. Kisten mit Sichtfenstern oder Markierungen, wie Aufkleber und Katalogbilder auf den Kisten, helfen den Kindern, den Inhalt zuzuordnen. Kisten, Spiel- oder Bücherregale sollten nie zu voll sein, sodass genug Platz für die Spielutensilien ist und das Einräumen dadurch leichter fällt.

Klare Regeln

Für das Aufräumen im Kindergarten sind klare Regeln notwendig.
Hierzu gehört in erster Linie natürlich, dass die Kinder ihr Spiel/ihren Spielbereich erst aufräumen, bevor sie sich ein neues Spiel aussuchen. Das Puzzle wird erst zu Ende gemacht, bevor ein neues Spiel aus dem Schrank geholt wird. Am Maltisch werden Stifte und Schnipsel aufgeräumt und die gemalten Bilder in der Eigentumsschublade verstaut. In der Bauecke werden herumliegende Bausteine in die entsprechenden Kisten eingeräumt.
Nach dem Frühstück oder Mittagessen räumt jedes Kind sein benutztes Geschirr selbst auf den Geschirrwagen, auf ein Tablett, in den Besteckkorb etc.
In der Garderobe wird die Kleidung immer auf dem dafür vorgesehenen Platz abgelegt.
Überlegen Sie im Team, welche Regeln für Ihre Gruppe wichtig sind, und besprechen Sie diese regelmäßig mit den Kindern, sodass sie allen geläufig sind. Neben dem Besprechen ist das ständige Kontrollieren und Einfordern dieser Regeln im Alltag und während der Freispielzeit eine nicht vermeidbare Aufgabe. Behalten Sie das Geschehen im Auge und fordern Sie die Kinder auf, ihre Spielsachen und Utensilien aufzuräumen.
Bieten Sie Kindern Unterstützung an, die noch nicht selbst in der Lage sind, eigenständig aufzuräumen. Begleiten Sie das Aufräumen des Kindes mit klaren Formulierungen, Aufforderungen und Hilfestellungen.

Timing

Planen Sie für größere Aufräumsituationen, z. B. vor dem Stuhlkreis, vor dem Garten oder der Abholzeit, ausreichend Zeit ein. Aufräumen sollte nicht mit Stress und Hektik verbunden werden. Besonders vor festen Abholzeiten sollten Sie bereits im Vorfeld darauf achten, dass die Kinder nicht mehr zu viel Spielzeug ausräumen. Oft kommen die Eltern unter Zeitdruck und sind genervt, wenn das Kind erst noch lange Zeit aufräumen muss. Versuchen Sie, vorausschauend zu agieren und solche Situationen zu vermeiden, da diese die Aufräumsituation zusätzlich negativ behaften und bei dem Kind, den Eltern und Ihnen selbst zu Stress führen.
Führen Sie einen festen Aufräum-Tag ein, geeigneterweise den Freitag, an dem alle Spielsachen ordentlich aufgeräumt werden. Auch Bauwerke und Ähnliches, das unter der Woche stehen bleiben durfte, wird am Freitag konsequent aufgeräumt.

Rituale helfen

Sich wiederholende, feste Rituale helfen den Kindern, Aufräumsituationen zu meistern. Ein Aufräum-Lied kann den Beginn der Aufräumzeit ankündigen. Spielen Sie während des Aufräumens Musik ab, z. B. klassische Musik oder schnelle Melodien ohne Text. Sie untermalen die Aufräumsituation und verdeutlichen den Kindern, dass nun Aufräumzeit ist.
Für besondere Aufgaben können Sie feste Dienste einteilen, die von den Kindern abwechselnd übernommen werden. Spülmaschine ausräumen, Blumen gießen, den Boden fegen usw.

LIEBE ELTERN,

Spielen ist für die Kinder eine lustvolle Beschäftigung. Das Aufräumen hingegen fällt Kindern oft schwer und ist mit Überforderung oder Unlust verbunden.
Lassen Sie Ihr Kind in der Aufräumsituation nicht allein. Kinder müssen das Aufräumen erst lernen, verinnerlichen und einen Ordnungssinn entwickeln. 3-jährige Kinder können mit dem Aufräumen größerer Spielbereiche noch überfordert sein und benötigen Anleitung und Hilfestellung. Sie können aber sehr wohl kleine Aufgaben übernehmen. Ältere Kinder sollten hingegen schon eigenständig ihr Zimmer aufräumen können. Ein paar Tipps, die Ihnen und Ihrem Kind beim Aufräumen helfen können, haben wir hier für Sie zusammengestellt:

- Seien Sie ein gutes Vorbild, halten Sie die Wohnung sauber und leben Sie Ordnung vor.
- Regelmäßig aufräumen hilft, damit die Unordnung gar nicht erst zu groß wird.
- Es fällt leichter, Ordnung zu halten, wenn es ein übersichtliches Ordnungssystem gibt, also alles seinen festen Platz hat. Für jede Art Spielzeug sollte es ein Behältnis oder einen bestimmten Ort im Zimmer geben, wo es verwahrt wird, wenn nicht damit gespielt wird. Für Kinder sind verschiedene, große Kisten ideal. Alle Aufbewahrungsorte müssen für die Kinder gut erreichbar sein.
- Achten Sie darauf, dass sich nicht zu viel Spielzeug ansammelt. Je mehr Spielzeug, desto chaotischer wird es aussehen und desto schwerer ist das Aufräumen. Machen Sie regelmäßig eine Bestandsaufnahme. Sortieren Sie (gemeinsam mit Ihrem Kind) aus und lagern Sie nicht benötigtes Spielzeug in einer Kiste im Keller, verschenken oder verkaufen es.
- Lob und Belohnung: Loben Sie Ihr Kind, wenn es ordentlich, selbstständig oder aus eigenem Antrieb aufgeräumt hat. Eine Belohnung ist im Normalfall nicht nötig. Das Aufräumen soll wie selbstverständlich zum Leben dazugehören und nicht nur wegen einer Belohnung vollzogen werden.
- Aufräumen darf keine Strafe sein.
- Unterstützen Sie Ihr Kind, wenn Sie das Gefühl haben, dass es mit der Aufräumsituation überfordert ist. Geben Sie klare Anweisungen und stellen Sie lösbare Aufgaben. „Räum dein Zimmer auf" stellt die Kinder vor eine große Herausforderung. „Räume alle Bücher in das Bücherregal" ist verständlicher und leichter umsetzbar.
- Lassen Sie Ihr Kind selbst aufräumen und unterstützen Sie es ggf. dabei. Oft ist es leichter, schneller oder entspannter, selbst aufzuräumen. Auf lange Sicht haben Sie weniger Stress, wenn das Kind selbst aufräumt und so Routine bekommt und seine Fähigkeiten trainieren kann.
- Seien Sie konsequent, auch wenn das Kind nicht aufräumen möchte. Räumen Sie keinesfalls selbst für das Kind auf, sondern bestehen Sie darauf, dass Ihr Kind die Aufgabe erledigt. Geben Sie klare Anweisungen und vermeiden Sie Diskussionen.
- Um Routine einzuführen, können Sie feste Zeiten vereinbaren, zu denen aufgeräumt wird, z. B. täglich vor dem Essen, vor einer bestimmten Fernsehsendung, jeden Samstagmorgen oder bevor Besuch kommt.
- Spielerische Motivation: Räumen Sie mit Ihrem Kind gemeinsam auf, machen Sie flotte Musik an oder setzen Sie kleine Aufräum-Spielchen ein, um das Aufräumen zu einem freudvolleren Erlebnis werden zu lassen.
- Beziehen Sie Ihr Kind bei täglichen Aufräumarbeiten mit ein, z. B. beim Tischabräumen, Spülmaschineein- und ausräumen, Abspülen oder Abtrocknen, Einkäufeeinräumen oder Blumengießen.

Auch im Kindergarten ist es uns wichtig, dass die Kinder ihre Spielsachen aufräumen. Bitte haben Sie Verständnis dafür, wenn Ihr Kind in der Abholsituation erst seinen Spielbereich aufräumen muss. Fragen Sie das Kind, ob es noch etwas aufräumen muss, bevor Sie es aus dem Gruppenraum oder dem Garten abholen.

ZÄHNE PUTZEN

GESCHICHTE: BESUCH VON DER ZAHNÄRZTIN

Die Kinder hatten sich gerade mit Linda im Stuhlkreis versammelt, als es an der Tür zum Gruppenraum klopfte. „Herein, bitte!“, rief Linda und gleich darauf trat eine ältere Frau mit einer runden Brille ein. Neugierig blickten die Kinder die fremde Besucherin an.

„Hallo, Kinder. Mein Name ist Frau Weiß und ich bin von Beruf Zahnärztin“, stellte sie sich vor. „Ich bin heute zu euch gekommen, um mit euch über eure Zähne zu sprechen.“

Frau Weiß nahm im Stuhlkreis Platz und fragte die Kinder, ob sie Dinge kennen, die ihre Zähne krank machen können.[1] Die Kinder zählten verschiedene Süßigkeiten auf, wie Schokolade, Gummibärchen, Lollis, Bonbons, Eis oder Kuchen. „Da habt ihr Recht“, bestätigte Frau Weiß. „Zuckerhaltige Lebensmittel oder auch süße Getränke, wie Säfte oder Limonade, können die Zähne angreifen und dafür sorgen, dass sie Löcher bekommen.“

Um das zu vermeiden, hatte Frau Weiß einen wichtigen Rat: „Es ist wichtig, sich nach dem Essen gründlich die Zähne zu putzen, damit sich keine Löcher bilden können“, erklärte sie. Zum Abschluss schaute Frau Weiß mit einem kleinen Spiegel jedem Kind in den Mund, um zu kontrollieren, ob die Zähne der Kinder gesund waren.

Auch Firlefanz musste antreten und öffnete artig seinen Mund. Frau Weiß betrachtete gründlich Firlefanz’ Zähne. „Ach, du meine Güte, du hast aber ganz schön viele Löcher“, stellte sie fest. „Putzt du dir etwa die Zähne nicht gründlich genug?“

„Zähneputzen?“, fragte Firlefanz verständnislos. „Ich habe gar keinen Lappen, mit dem ich mir die Zähne putzen kann.“ „Du brauchst dafür keinen Lappen, sondern eine Zahnbürste. Hast du dir etwa noch nie die Zähne geputzt? Wie alt bist du denn?“ „Ich bin schon viele Jahre alt und ich habe mir noch niemals nie die Zähne geputzt.“ „Das habe ich mir fast gedacht“, sagte Frau Weiß. „Wenn du deine Zähne nicht regelmäßig gründlich putzt, werden sie krank und bekommen ganz viele Löcher.“

Die Zahnärztin überlegte eine Weile, dann schlug sie den Kindern vor, dass sie einmal zu Besuch in ihre Zahnarztpraxis kommen dürfen, um sich alles anzuschauen. Und bei dieser Gelegenheit, würde sie dem kleinen Kobold gleich die Zähne richten.

„Oh je, oh je, tut das denn weh?“, fragte Firlefanz ängstlich. „Es kann ein bisschen wehtun“, bestätigte Frau Weiß. „Aber es wird noch mehr wehtun, wenn du nicht kommst und die Löcher in deinen Zähnen noch größer werden. Dann bekommst du ganz starke Zahnschmerzen, das willst du doch nicht?“ Der Kobold schüttelte energisch den Kopf.

„Wir kommen ja mit dir, du schaffst das, Firlefanz“, versuchte Amelie, den kleinen Kobold zu ermutigen. „Und wir zeigen dir auch, wie du richtig deine Zähne putzt, damit du nicht noch mehr Löcher bekommst.“[2]

Nachdem sich die Zahnärztin Frau Weiß wieder verabschiedet hatte, erklärten die Kinder Firlefanz, wie die Zähne richtig geputzt werden, und im Nu hatte der Kobold dazu ein kleines Gedicht verfasst, das er in seinem goldenen Büchlein vermerkte.[3]

Zähne putzen, Zähne putzen kann ein jedes Kind,
Zähne putzen, Zähne putzen, bis sie sauber sind.
Auf den Oberflächen schrubb ich hin und her,
so werden sie schön sauber und das ist gar nicht schwer.
Die Vorderseite putz ich immer sanft im Kreis,
hinten putz ich hoch und runter stets von Rot nach weiß.
Ich putze drei Minuten fleißig Zahn für Zahn,
spül den Mund mit Wasser aus, die Arbeit ist getan.

[1] Fragen Sie die Kinder, ob sie Dinge kennen, die ihre Zähne krank machen können.

[2] Besprechen Sie mit den Kindern, wie die Zähne richtig geputzt werden und was zu beachten ist.

[3] Lassen Sie die Kinder die Reimwörter des Gedichts ergänzen.

SPIELE UND ÜBUNGEN RUND UMS ZÄHNEPUTZEN

Collage

Besprechen Sie vorab mit den Kindern (anhand der Firlefanz-Geschichte), welche Dinge Zähne gesund halten und welche Dinge Zähne krank machen können. Fertigen Sie mit den Kindern zwei Plakate an. Auf ein großes, grünes Tonpapier kleben Sie einen lachenden Zahn. Auf ein rotes Tonpapier kleben Sie einen traurig aussehenden Zahn. Nun dürfen die Kinder aus Werbeprospekten vom Super- oder Drogeriemarkt Dinge ausschneiden, die dafür sorgen, dass die Zähne gesund bleiben, und Dinge, die Zähne krank machen können. Auf das grüne Plakat können z. B. Zahnbürsten, Zahnpasta, Zahnseide, Mundwasser, Obst und Gemüse, Milchprodukte, Nüsse oder Vollkornprodukte. Auf das rote Plakat können Süßigkeiten, Süßspeisen und süße Getränke.

Ein Brief der Zahnfee

Für Kinder ist das Verlieren des ersten Milchzahns eine große Sache. Durch einen Brief der Zahnfee können Sie dieses Ereignis würdigen.
Verliert ein Kind im Kindergarten oder zu Hause den ersten Milchzahn, können Sie den Brief am nächsten Tag für das Kind auf seinem Garderobenplatz oder in seiner Eigentumsschublade etc. deponieren und dem Kind vorlesen. Der Brief sorgt für eine schöne Erinnerung an den verlorenen Zahn und motiviert das Kind, sich weiterhin gut um seine (neuen) Zähne zu kümmern. Sie können den Brief dem Kind mit nach Hause geben oder im Portfolio-Ordner des Kindes abheften. Eine Vorlage zum Ausfüllen finden Sie auf der nächsten Seite.

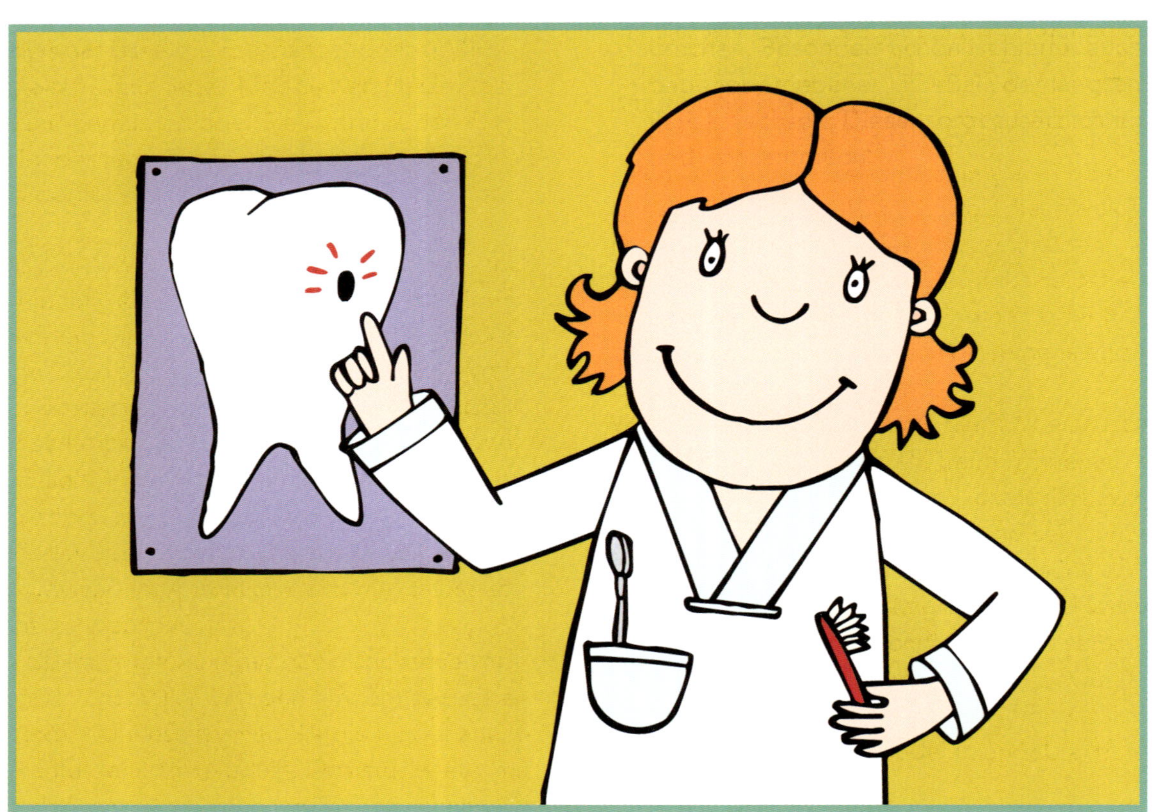

BRIEF VON DER ZAHNFEE

Liebe/r ....

am .... ist dir dein erster Milchzahn ausgefallen. Ich gratuliere dir zu deiner Zahnlücke. Bald wird ein neuer Zahn die Lücke füllen. Er bleibt dir dann ein Leben lang. Gib immer auf ihn acht und putze ihn und auch deine anderen Zähne jeden Tag ganz gründlich, damit sie stets gesund bleiben.

Liebe Grüße, deine Zahnfee

TRANSFER IN DEN ALLTAG

Voraussetzungen

Zähneputzen im Kindergarten ist ein wichtiger Beitrag zur Zahngesundheit der Kinder und fördert das Erlernen der dazugehörigen Fähigkeiten. Wenn Sie die notwendigen Voraussetzungen erfüllen können, sollten Sie das Zähneputzen als festes Ritual im Kita-Alltag verankern.

Personelle Voraussetzungen: Sie als Kindergarten-Team tragen die Verantwortung für Hygiene und Aufsicht. Eine Erzieherin begleitet das Zähneputzen und hilft bei der Bürstenausgabe und der Zahnpastadosierung. Sie achtet beim Putzvorgang darauf, dass die Kinder ordentlich und lange genug putzen, bei der Sache bleiben und ihre Zahnbürste ordentlich ausspülen und wieder abgeben. Das Putzergebnis ist zweitrangig, denn es ist die Aufgabe der Eltern, die Zähne ihres Kindes täglich gründlich zu säubern.

Hygienische Voraussetzungen: Um einem Infektionsrisiko mit Karies oder anderen Erregern vorzubeugen, ist es wichtig, dass die Zahnbürsten nicht vertauscht oder zweckentfremdet werden. Sie müssen gut ausgespült und dann trocken, mit dem Kopf nach oben stehend, gelagert werden, ohne sich dabei zu berühren.

Räumliche Voraussetzungen: Es müssen ausreichend Waschbecken im Waschraum vorhanden sein, sodass mehrere Kinder gleichzeitig Zähneputzen können. Für die Aufbewahrung der Zahnputzbecher und Zahnbürsten wird ein geeigneter, für die Kinder nicht zugänglicher Aufbewahrungsort benötigt.

Das Zähneputzen in der Kita bietet viele Vorteile:

- Es kann als festes Ritual im Tagesablauf verankert werden.
- In der Gemeinschaft mit anderen Kindern wird das Zähneputzen für die Kinder freudvoller und führt durch die Gruppendynamik zu weniger Widerstand als (vielleicht) zu Hause.
- Es werden auch Kinder erreicht, deren Eltern zu Hause weniger Wert auf die Zahnhygiene ihrer Kinder legen.
- Die empfindlichen Milchzähne der Kinder werden nach den Mahlzeiten gereinigt, was Zahnerkrankungen vorbeugt.
- Die Putztechnik wird unter Gleichaltrigen sowie unter Aufsicht einer Erzieherin geübt und gefestigt.

Hinweise

- Beachten Sie die richtige Auswahl an Zahnputzutensilien sowie die richtige Putztechnik (siehe Elternbrief).
- Hängen Sie das Plakat „So putzen wir unsere Zähne" im Waschraum auf, sodass sich die Kinder an den Abbildungen orientieren können und ihre Zähne Schritt für Schritt richtig putzen.
- Sie müssen den Kindern die Zähne nicht nachputzen, dies ist Aufgabe der Eltern.
- Bauen Sie das Thema Zahngesundheit in Ihr pädagogisches Konzept mit ein und sprechen Sie regelmäßig mit den Kindern über Mundhygiene und Zahngesundheit.
- Um mit allen Kindern das richtige Putzverhalten einzuführen oder zu üben, bietet sich eine „Trockenübung" mit der Zahnbürste im Stuhlkreis an.
- Nutzen Sie externe Angebote, die die Kinder bei der Zahngesundheit und Zahnvorsorge unterstützen. Viele Zahnarztpraxen oder der zahnärztliche Dienst des Gesundheitsamtes bieten Besuche einer Zahnärztin oder Arzthelferin im Kindergarten an.
- Ein Besuch einer Zahnarztpraxis ist für die Kinder ein spannendes Erlebnis und trägt dazu bei, mögliche Ängste vor dem Zahnarztbesuch abzubauen.

Richtig Zähne putzen – so geht es

- Im Kindergartenalter sollten sich Kinder mindestens 2-mal täglich, idealerweise 3-mal täglich nach den Hauptmahlzeiten die Zähne putzen.

- Für die tägliche Zahnpflege ist das Putzen nach der KAI-Methode empfehlenswert: Zuerst werden die oberen und unteren Kauflächen durch Hin-und-her-Bürsten mit der Zahnbürste gereinigt. Danach werden die Außenflächen in kreisenden Bewegungen gereinigt, wobei mit den hinteren Zähnen begonnen wird. Zum Schluss werden die Innenflächen von oben nach unten geputzt. Hierbei gilt die Regel: von rot nach weiß, also vom Zahnfleisch zum Zahn, sodass Verletzungen des Zahnfleisches vermieden werden.

- Achten Sie darauf, dass sowohl die Backen- als auch die Schneidezähne geputzt werden und keine Flächen vergessen werden.

- Bis zum 7. Lebensjahr ist es ratsam, dass Eltern ihrem Kind die Zähne, insbesondere am Abend, nachputzen.

- Die ideale Putzdauer beträgt drei Minuten. Hierfür kann eine Zahnputz-Sanduhr oder eine Zahnputz-App hilfreich sein.

- Nach dem Putzen wird der Mund mit Wasser ausgespült, wobei das Wasser durch die Zahnzwischenräume gepresst wird. Dieser Vorgang sollte nur einmal geschehen, damit Fluoridanteile der Zahnpasta an den Zähnen haften bleiben.

- Die Zahnbürste wird nach dem Gebrauch gründlich mit Wasser abgespült, am Waschbeckenrand abgeklopft und mit dem Kopf nach oben (in den Becher) gestellt, sodass sie an der Luft trocknen kann und Bakterien keinen feuchten Nährboden vorfinden.

> Die Zähne müssen sauber sein, dann kommen keine Löcher rein.
> Mit der Bürste, putz, putz, putz, mach ich weg den ganzen Schmutz.
> Putz meine Zähne jeden Tag, weil jeder Zahn das gerne mag.
> Schaut mir der Zahnarzt in den Mund, sind alle Zähne ganz gesund.
> Blitzeblank und weiß und rein, ganz genau so soll es sein.

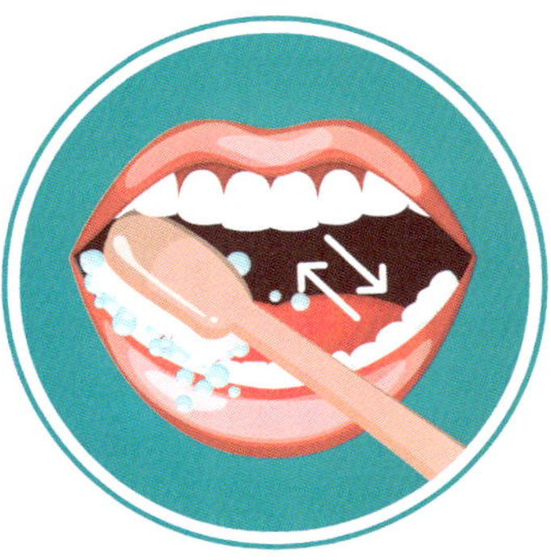

die **K**auflächen
durch sanftes Hin-und-her-Bürsten putzen

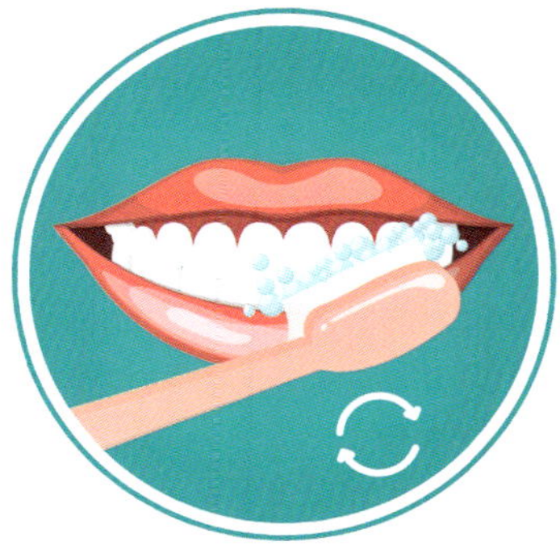

die **A**ußenflächen
in kleinen Kreisen bürsten

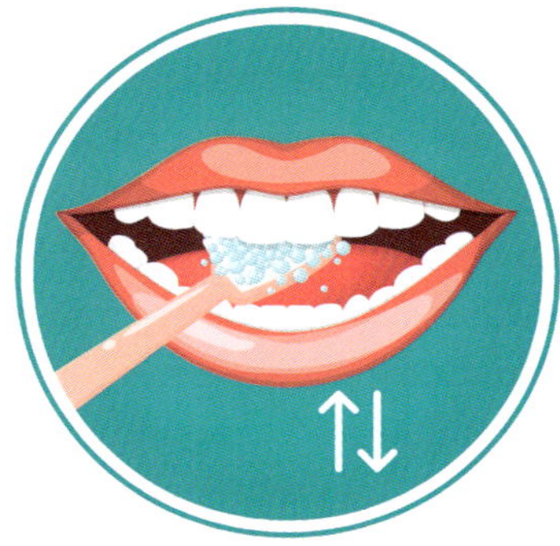

die **I**nnenflächen
von rot nach weiß bürsten

LIEBE ELTERN,

das Thema Zahngesundheit hat bereits für Kinder im Kindergartenalter eine wichtige Bedeutung. Schon die Milchzähne haben großen Einfluss auf die Entwicklung des Kiefers und die Gesundheit der bleibenden Zähne. Karieserreger können sich beispielsweise von den Milchzähnen, auf die neuen, bleibenden Zähen übertragen. Des Weiteren dienen die Milchzähne als Platzhalter für die zweiten Zähne. Gehen Sie frühzeitig verloren, drohen Fehlstellungen der neuen Zähne. Von daher sollten Sie Ihr Kind beim Thema Zahngesundheit unterstützen und die Zähne Ihres Kindes gut pflegen. Hierfür haben wir ein paar Tipps für Sie zusammengestellt.

Vorbild sein

Seien Sie Ihrem Kind ein gutes Vorbild. Putzen Sie morgens und abends gemeinsam die Zähne. Dies motiviert Ihr Kind und es kann sich an Ihnen orientieren und das richtige Zähneputzen nachmachen.

Ernährung

Der Konsum von Süßigkeiten durch die Kinder lässt sich kaum vermeiden. Achten Sie aber darauf, dass nicht den ganzen Tag über genascht wird, da dies besonders schlecht für die Zähne ist. Darüber hinaus gibt es im Handel auch zahnfreundliche Naschereien. Aufschriften wie „zuckerfrei" oder das Symbol des Zahnmännchens mit Schirm auf der Verpackung kennzeichnen solche Lebensmittel. Aber auch mit Süßstoffen gesüßte, zahnfreundliche Leckereien sollten die Kinder nicht zu oft konsumieren.
Vermeiden Sie bei Ihrem Kind den (regelmäßigen) Genuss von süßen Getränken, wie Limonade oder gezuckertem Tee. Ebenso sollten unverdünnte Fruchtsäfte vermieden werden, da die Fruchtsäure Zähne und Zahnfleisch angreift. Nach dem abendlichen Zähneputzen darf Ihr Kind nur noch Wasser trinken.

Wahl der Zahnbürste und Zahnpasta

Es ist unerheblich, ob Sie eine elektrische oder eine Handzahnbürste verwenden. Bei der Kinderzahnbürste sollten Sie lediglich darauf achten, dass sie abgerundete, weiche Borsten hat. Der Kopf sollte klein sein, um alle Ecken zu erreichen, und der Griff sollte dick und rutschfest sein, sodass er gut und sicher in der Kinderhand liegt.
Für mehr Motivation beim Zähneputzen können Sie Ihr Kind die Zahnbürste selbst aussuchen lassen. Kinderzahnbürsten sind häufig ansprechend mit Superhelden und Zeichentrickfiguren gestaltet, sodass das Zähneputzen mehr Spaß macht. Nach drei Monaten muss die Zahnbürste gewechselt werden.
Wichtig ist, dass die Kinderzahnpasta Fluorid enthält, das den Zahnschmelz stärkt. Die ideale Menge Fluorid für 3- bis 6-jährige Kinder beträgt 500 ppm. Bei der Dosierung der Zahnpasta verwenden Sie nicht mehr als eine erbsengroße Menge.

Zahnarzt-Besuch

Ab dem dritten Lebensjahr sollten Sie halbjährlich mit Ihrem Kind zu zahnärztlichen Kontrolluntersuchungen gehen.
Der Zahnarztbesuch soll möglichst locker und positiv gestaltet werden. Gehen Sie gemeinsam mit Ihrem Kind zur Vorsorge, kann es erst mal beobachten, was passiert, während Sie auf dem Stuhl sitzen, bevor es selbst an der Reihe ist. Zahnarztpraxen sind heutzutage meist optimal auf die Behandlung von Kindern vorbereitet und sorgen für einen möglichst unkomplizierten Ablauf. Kleine Belohnungsgeschenke am Ende lassen den Besuch für Ihr Kind positiv und freudvoll werden.

Zähneputzen als Ritual

Das Zähneputzen sollte als festes Ritual im Tagesablauf Ihres Kindes integriert sein. Feste Zeiten und Abläufe am Morgen und Abend werden schnell zur Routine. Auch wenn Ihr Kind seine Zähne nicht gerne putzt, seien Sie konsequent und fangen Sie gar nicht erst damit an, Ausnahmen zum Zähneputzen zu akzeptieren. Kinder können noch nicht einschätzen, welcher Schaden ihnen durch mangelnde Mundhygiene droht. Hier tragen Sie als Eltern die Verantwortung.

ANZIEHEN

GESCHICHTE: FIRLEFANZ BEKOMMT NEUE KLEIDUNG

„Haha, dein Hosenstall ist offen“, lachte Felix und deutete auf den offenen Reißverschluss von Firlefanz' Hose. „Uppsiduppsi“, sagte der Kobold verlegen und machte schnell seine Hose zu. Theo schaute den Kobold nachdenklich an. „Sag mal, trägst du eigentlich immer dieselbe Kleidung?“
„Ja, warum denn nicht?“, entgegnete der Kobold. „Naja, sie wird doch irgendwann schmutzig und muss dann gewaschen werden.“ „Ich wasche sie doch. Regelmäßig ein schönes Schaumbad und schwuppdiwupp ist meine Kleidung wieder sauber.“ „Du lässt also beim Baden deine Kleidung an?“, fragte Felix ungläubig. „Klarifari“, kicherte Firlefanz. „Was hältst du davon, wenn dir ein paar Jungs Sachen mitbringen, die ihnen zu klein sind“, mischte sich Linda ein. „Dann können wir deine Kleidung in der Waschmaschine gründlich sauber machen.“
„Neue Kleidung wäre fein, da sage ich bestimmt nicht nein“, reimte der Kobold.
Am nächsten Tag hatten einige Jungen Kleidung für Firlefanz mitgebracht, die ihnen selbst nicht mehr passte. An Firlefanz saßen die Sachen ausgezeichnet, er war immerhin ein ganzes Stück kleiner als die Kinder. Begeistert probierte er alles an. Er zog zum ersten Mal in seinem Leben eine Jeans an, quälte sich in eine enge Strumpfhose und schlüpfte in ein hübsches Hemd. Besonders freute sich Firlefanz über ein Paar Turnschuhe, denn bisher war er immer nur barfuß gelaufen. Stolz machte er einige unsichere Schritte in seinem neuen Schuhwerk.
„Du hast ja Entenfüße“, kicherte Amelie, woraufhin Firlefanz sie verständnislos anschaute. „Schau doch. Die Spitzen deiner Füße schauen nach außen. So kannst du nicht richtig laufen, höchstens watscheln wie eine Ente.“[1] Der Kobold kicherte und tauschte die beiden Schuhe um. So ging das Laufen tatsächlich schon viel besser.
Nun trug Firlefanz seine Turnschuhe, eine rot-grün-geringelte Strumpfhose, ein kariertes Hemd, dessen Knöpfe er schief zusammengeknöpft hatte, und ein blaues Käppi auf dem Kopf. „Na, wie sehe ich aus?“, wollte er wissen. „Ein bisschen wie ein Clown“, sagte Felix und musste sich ein Lachen verkneifen. Firlefanz schaute nachdenklich an sich hinunter. Gab es denn bei der Kleidung auch schon wieder irgendwelche Regeln, die man beachten musste?
„Also, meine Mama sagt immer, dass ich nur Kleidung anziehen darf, die sauber ist und die nicht kaputt ist. In schmutziger oder löchriger Kleidung macht man nämlich keinen guten Eindruck“, erklärte Lotti. Firlefanz' Kleidung war weder schmutzig noch löchrig. Das war also nicht der Fehler. Den Kindern fielen noch ein paar weitere Regeln ein, z. B. dass man seine Schuhe auszieht, wenn man ein Haus betritt. Widerwillig stellte Firlefanz daraufhin seine neuen Turnschuhe in die Garderobe. Felix wusste, dass es nicht gerne gesehen war, wenn man in geschlossenen Räumen ein Käppi auf dem Kopf trug. Also legte Firlefanz auch das Käppi in die Garderobe. Linda erklärte noch, dass man in verschiedene Situationen bestimmte Kleidung trug, z. B. Badekleidung im Schwimmbad oder am Strand, einen Schlafanzug in der Nacht und zu besonderen Anlässen, wie einem Geburtstag oder einem Fest, machte man sich besonders hübsch und trug ein schönes Kleid oder ein schickes Hemd. „Klarifari. Das Hemd hebe ich mir für einen ganz besonderen Tag auf“, sagte Firlefanz und zog es aus. Nun stand er nur noch mit der Ringelstrumpfhose bekleidet da und wirkte ein wenig ratlos.
„Im Alltag tragen wir einfach bequeme Kleidung, die wir leicht an- und ausziehen können“, kam Linda zu Hilfe, woraufhin sich Firlefanz für die Jeans und ein T-Shirt entschied.

„Sei stets passend angezogen,
dann wird dich ein jeder loben“,

kritzelte Firlefanz in sein Büchlein und verstaute seine neue Kleidung in einem Schrank in der Puppenecke.[2]

[1] Fordern Sie die Kinder auf, zu kontrollieren, ob sie alle ihre Schuhe richtig herum anhaben.

[2] Wiederholen Sie mit den Kindern die Kleidungs-Regeln aus der Geschichte und sammeln Sie eigene Regeln, die Ihnen wichtig sind.

SPIELE UND ÜBUNGEN ZUM ANZIEHEN

Schuhsalat

Die Kinder sitzen im Stuhlkreis. Jedes Kind zieht seine Hausschuhe aus und wirft sie in die Kreismitte, sodass ein großer Haufen entsteht. Bestimmen Sie nun ein Kind, das beginnen darf.
Dieses Kind geht zu dem Schuhsalat und sucht ein Paar Hausschuhe heraus, dessen Besitzer es kennt. Es stellt die Hausschuhe vor diesem ab und setzt sich wieder auf seinen Platz. Nun darf das Kind, das die Hausschuhe bekommen hat, ein Paar Schuhe aus der Kreismitte aussuchen und dem dazugehörigen Kind bringen usw. Achten Sie darauf, dass die Kinder immer zuerst ein neues Paar Schuhe verteilen, bevor sie auf ihren Platz zurückgehen und die eigenen Schuhe anziehen. So wird das Spiel nicht unnötig in die Länge gezogen und das Kind hat dann keinen Zeitdruck beim Anziehen der Hausschuhe.
Variation: Sie können das Spiel auch einmal mit Mützen oder Jacken spielen.

Tipp: Wenn Sie bei diesem Spiel (oder auch im Alltag) feststellen, dass ein Kind seine Schuhe immer wieder verkehrt herum anzieht, können Sie einen kleinen Trick anwenden. Wählen Sie einen etwas größeren, gut klebenden Aufkleber und schneiden Sie diesen in der Mitte durch. Kleben Sie die beiden Hälften im Inneren der Schuhe auf die Sohle an den inneren Rand. An dem Aufkleber kann sich das Kind so lange orientieren, bis es die Schuhe auch ohne ihn richtig herum anziehen kann.

Knoten-Quallen basteln

(Trainingsmethode zum Knotenmachen für Vorschulkinder)

Material

- Acryl- oder Fingerfarben, Pinsel
- (selbstklebende) Wackelaugen
- dicke Filzstifte
- ein Locher
- verschiedene Fäden, z. B. Wolle, Geschenkband
- pro Kind ein halber Pappteller

Vorbereitung

Machen Sie mit dem Locher in die untere Seite des Papptellers bzw. Pappstreifens in gleichmäßigen Abstand viele Löcher.

So geht es

Zuerst bemalen die Kinder ihren Pappteller mit der Farbe. Nun werden auf den getrockneten Quallenkörper die Wackelaugen geklebt und mit dem Filzstift ein Mund aufgemalt. Dann geht es ans Knoten. Dazu fädeln die Kinder je einen Faden durch ein Loch und ziehen diesen hindurch, sodass beide Enden gleich lang sind. Dann wird der Faden verknotet. Zeigen Sie den Kindern die richtige Technik und geben Sie anfangs ggf. Hilfestellung. Um die Fingerfertigkeiten besonders zu trainieren, können die Kinder auch jeweils einen Doppelknoten machen.

Schleifentrainer basteln

(Trainingsmethode zum Schleifenbinden für Vorschulkinder)

Material

- ein Karton (Schuhkarton o. Ä.)
- ein Paar Schuhe
- ein dicker Filzstift
- ein Kreuzschraubenzieher
- ein Paar Schnürsenkel

So geht es

Stellen Sie das Paar Schuhe auf den Karton und umranden Sie die Form mit einem dicken Filzstift. Nun stechen Sie mit dem Schraubenzieher Löcher an die Stellen, durch die später die Schnürsenkel gezogen werden. Fädeln Sie die Schnürsenkel durch die Löcher, sodass die beiden Enden aus den oberen beiden Löchern herauskommen und in etwa gleich lang sind.
An diesem sogenannten „Schleifentrainer" können die Kinder das Knoten und Schleifebinden üben. Natürlich können auch richtige (saubere) Schuhe als Modelle verwendet werden. Der Schleifentrainer hat jedoch einen spielerischen Charakter und bietet außerdem Abwechslung.

Schleife binden, so geht es

Aufgrund ihrer feinmotorischen Entwicklung sind Kinder meist erst im Alter von ca. fünf bis sechs Jahren in der Lage, eine Schleife zu binden. Diese Übung bietet sich im Kindergarten daher vorzugsweise für die Vorschulkinder an, kurz bevor sie in die Schule gehen.
Das klassische Binden einer Schleife ist auch in diesem Alter oft noch schwierig für die Kinder, weswegen für die ersten Versuche auch eine einfachere Möglichkeit gewählt werden kann. Diese geht wie folgt:
Zuerst machen die Kinder einen einfachen Knoten.
Dann formen sie mit dem rechten Schnürsenkel eine Schlaufe (erstes Hasenohr).
Nun formen sie auch mit dem linken Schnürsenkel eine Schlaufe (zweites Hasenohr).
Jetzt werden diese beiden Schlaufen in dieser Form miteinander verknotet und festgezogen.

Schuhe binden ist nicht schwer,
ich kann es schon, schau doch mal her.
Ich mache einen Knoten,
das kann ich schon allein,
ziehe beide Bändel fest,
der Knoten muss fest sein.
Dann mach ich eine Schleife,
schön fest und nicht zu groß,
das Gleiche mit dem anderen Schuh,
verknoten, dann geht's los.

TRANSFER IN DEN ALLTAG

Im Kindergarten ist es für alle Beteiligten, also sowohl für die Erzieher als auch die Kinder selbst, eine große Erleichterung, wenn sich die Kinder selbstständig anziehen können. Dies entspannt und beschleunigt z. B. die Anziehsituation in der Garderobe oder das Umziehen vor dem Turnen.

- Auch in oft stressigen Situationen sollten Sie die Kinder, so gut es geht, beim Anziehen unterstützen und ihnen Tipps und Hilfestellung geben, anstatt alles schnell selbst zu machen.
- Suchen Sie stressfreie Situationen, in denen Sie mit dem Kind noch mal in Ruhe üben können, z. B. können Sie ein Kind noch mal herholen, wenn alle im Garten sind und das Schließen des Reißverschlusses seiner Jacke mit ihm üben.
- Sie können auch die Kinder auffordern, sich untereinander zu helfen, z. B. können die Paten ihren Patenkindern (oder die Vorschulkinder den kleinen Kindern) erst beim Anziehen helfen, bevor sie sich selbst z. B. für den Garten anziehen.
- Weisen Sie die Eltern bereits am ersten Elternabend, bevor ihr Kind in den Kindergarten kommt, darauf hin, dass dem Kind Kleidung angezogen und mitgegeben werden soll, die das Kind möglichst selbstständig an- und ausziehen kann. So können die Eltern bereits beim Einkauf der Kindergartensachen darauf achten.
  Das selbstständige Anziehen der Kinder ist selbstverständlich nicht bei allen Kleidungsstücken möglich. Hausschuhe und Straßenschuhe sollte aber auch ein 3-jähriges Kind selbstständig anziehen können. Schuhe mit Schnürsenkeln haben im Kindergarten, allein schon wegen der Unfallgefahr, nichts zu suchen. Kleidungsstücke mit vielen Knöpfen, aufwändige Kleider oder modische Accessoires sind im Kindergarten eher unpraktisch. Hosen mit Gummizug oder Schuhe mit Klettverschluss kann hingegen nahezu jedes Kind selbst an- und ausziehen.
- Eine Verkleidungsecke im Gruppenraum bietet den Kindern ein hervorragendes Übungsfeld für das Anziehen verschiedener Kleidungsstücke. Kostüme haben einen hohen Aufforderungscharakter für Kinder und so ist ihre Motivation besonders groß und das Ankleiden verschiedenster Kleidungsstücke wird zum Kinderspiel. Wählen Sie möglichst verschiedene Kleidungsstücke, wie Kleider, Röcke, Hosen, Schürzen, Mützen usw., und auch verschiedene Verschlüsse, wie z. B. Reiß- und Klettverschlüsse oder Knöpfe. Tauschen Sie die Kostüme in regelmäßigen Abständen aus, um immer wieder neu für Motivation und Abwechslung zu sorgen. Um neue Impulse und Anreize zu setzen, können Sie den Kindern vorschlagen, eine Modenschau zu machen oder sie in ihren Outfits (für ihr Portfolio) zu fotografieren.
- Auch das Ankleiden von Puppen fördert bei Kindern die feinmotorischen Fähigkeiten rund ums Thema Anziehen. Eine Puppenspielecke mit Puppen und verschiedenen Puppenkleidungsstücken sollte daher in keinem Kindergarten fehlen.

LIEBE ELTERN,

Kindern das selbstständige An- und Ausziehen von Kleidung beizubringen, gelingt nur durch regelmäßiges Üben und erfordert von Ihnen als Eltern oft ebenso viel Geduld wie von Ihrem Kind. Auch im Kindergarten begleiten wir Ihr Kind im Rahmen unserer Möglichkeiten beim Erlernen der notwendigen Fähigkeiten beim Ankleiden. Gemeinsam schaffen wir das!
Ein paar Tipps und Tricks sowie Hinweise rund ums Thema Kleidung haben wir hier für Sie notiert:

>> Fordern Sie Ihr Kind immer wieder dazu auf, sich selbst anzuziehen, und geben Sie dabei (wenn nötig) Hilfestellung. Legen Sie z. B. T-Shirts oder Hosen richtig herum vor das Kind. Verweisen Sie auf Aufdrucke oder Schildchen, die Vorder- und Rückseite markieren, oder Nähte, die Innen- und Außenseite unterscheiden. Verbalisieren Sie den Vorgang beim Anziehen. „Mit meinen beiden Daumen fasse ich den Strumpf, damit ich ihn auseinanderziehen kann und alle deine Zehen auf einmal hineinpassen. Probiere es mit dem anderen Socken einmal selbst aus." <<

>> Sorgen Sie für eine entspannte Atmosphäre beim Anziehen und planen Sie genügend Zeit ein. Zeitdruck führt zu Stress und Ungeduld und einer höheren Wahrscheinlichkeit von Misserfolgen und negativen Assoziationen mit der Ankleidesituation. <<

>> Lassen Sie Ihr Kind auch mal selbst entscheiden, was es anziehen möchte. Unpassende Kleidung, z. B. ein T-Shirt im Winter, wird von Ihnen aber konsequent und mit einer verständlichen Begründung abgelehnt. <<

>> Ermutigen Sie Ihr Kind immer wieder bei dem Versuch, sich selbst anzuziehen. Tadeln Sie nicht den Misserfolg, sondern korrigieren Sie Fehler gemeinsam. Würdigen Sie jeden Fortschritt und Erfolg. Das Anziehen soll nicht negativ behaftet sein, sodass Ihr Kind nicht die Motivation verliert. <<

>> Agieren Sie bereits beim Kleidungskauf vorausschauend und wählen Sie Kleidungsstücke aus, die Ihr Kind, seinen Fähigkeiten entsprechend, selbstständig anziehen kann. Eine Hose mit Gummibund, Reißverschluss statt Knöpfe, dehnbare Stoffe, Klettverschlüsse statt Schnürsenkel, Faust- anstatt Fingerhandschuhe oder T-Shirts mit Aufdruck zur Unterscheidung von Vorder- und Rückseite sind gerade am Anfang sinnvoll. Neue Herausforderungen, z. B. Knöpfe, werden nach und nach eingebaut und trainiert. Vermeiden Sie Accessoires, wie Gürtel oder Hosenträger, wenn Ihr Kind diese noch nicht selbstständig schließen kann. <<

>> Aus sicherheitstechnischen Gründen ist das Tragen von jeglichem Schmuck (Armbänder, Ringe, Ketten, Schlüsselbänder) im Kindergarten verboten. Kapuzenpullover sollten vermieden werden, da sie ein Strangulationsrisiko für die Kinder darstellen. Bei Jacken schützen Kapuzen mit Knopfleiste vor Hängenbleiben und Strangulation. Eine feste Schleife zu binden, fällt Kindergartenkinder oft noch schwer. Offene Schnürsenkel bergen ein Unfallrisiko, weshalb Schnürschuhe im Kindergarten fehl am Platz sind. <<

>> Zeigen Sie Ihrem Kind die Wechselkleidung, Turnkleidung, Matschhose, Gummistiefel etc., die Sie im Kindergarten deponieren, sodass Ihr Kind diese wiedererkennt. Schreiben Sie in all diese Kleidungsstücke den Namen Ihres Kindes in Großbuchstaben auf eine geeignete Stelle, sodass wir die Kleidung stets zuordnen können. <<

Ihr Kindergartenteam

NIESEN, HUSTEN, NASE PUTZEN

GESCHICHTE: FIRLEFANZ IST ERKÄLTET

Der kleine Kobold hatte sich eine leichte Erkältung eingefangen und musste schon den ganzen Tag niesen. „Hatschi!", prustete er nun schon zum dritten Mal. „He, pass doch auf", beschwerte sich Lotti. „Du hast mir direkt ins Gesicht geniest, jetzt klebt überall deine Spucke!" Der kleine Kobold schaute Lotti an, die sich angewidert abwischte.

Was sollte er denn machen? Er war nun mal erkältet.[1] „Wenn du niesen oder husten musst, dann huste und niese in deine Armbeuge", erklärte Lotti. „Sonst verbreitest du deine Bakterien im ganzen Raum." „Bak-te-ri-en?", wiederholte Firlefanz. „Ich habe doch gar nichts gebacken." „Bakterien kann man ja auch nicht backen. Das sind winzigkleine Erreger, die deinen Körper krank machen. Man kann sie gar nicht sehen. Wenn du hustest oder niest, fliegen sie durch die Luft und wenn ein anderes Kind sie einatmet oder berührt, kann es davon krank werden."

Firlefanz stellte sich die Bakterien wie winzigkleine, unsichtbare Kobolde vor, die durch die Luft flogen und versuchten, sich an den Kindern festzuklammern und diese krank zu machen. Was für eine schreckliche Vorstellung.

„Entschuldigung, das wollte ich nicht", sagte Firlefanz und bohrte sich verlegen in der Nase. „Firlefanz bohrt in der Nase", kreischte Felix und verzog sein Gesicht, doch der Kobold grinste nur. „Ene Mene Mopel, ich mag Popel", sang er. „Was ist daran schon wieder verkehrt?"

„Man popelt nicht in der Nase, das ist ekelig", sagte Felix wichtig und flüsterte Firlefanz dann zu: „Zumindest solltest du es nur machen, wenn keiner dabei zuschauen kann." Der Kobold kicherte und wurde sofort von einem Hustenanfall geschüttelt. Doch dieses Mal hielt er sich schnell den Arm vor und hustete in seine Armbeuge, sodass er die anderen Kinder nicht ansteckte.

Firlefanz hasste diese Erkältung. Ständig musste er husten und ihm lief die ganze Zeit die Nase. Gerade wollte er sie an seinem Ärmel abwischen, da hielt ihm Lotti ein Papiertaschentuch entgegen. Der Kobold nahm das Taschentuch, schnäuzte sich und putzte sich die Nase ab, so, wie er es schon oft bei den Kindern beobachtet hatte. Gerade als er das benutzte Taschentuch in den Papierkorb werfen wollte, hielt ihn Lotti zurück. „Das gehört da nicht rein."

„Aber es ist doch ein Papiertaschentuch, also gehört es in den Papierkorb", sagte Firlefanz, doch Lotti korrigierte ihn: „In dem Taschentuch sind aber jetzt die Bakterien von deiner Rotznase. Deshalb kommt es in den Restmüll, darin sind sie gefangen und können sich nicht so leicht verbreiten." „Deckel auf, Bakterien rein. Deckel zu, so muss das sein", reimte Firlefanz und entsorgte das Taschentuch in dem schwarzen Restmülleimer.

Dann wusch sich Firlefanz gründlich die Hände, denn Lotti hatte ihm erklärt, dass sich nach dem Popeln und Naseputzen auch daran leicht Bakterien festsetzen konnten.

„Firlefanz, du gehörst ins Bett", schaltete sich Linda ein. „Ruh dich ein bisschen aus, dann wirst du bald wieder gesund." Der kleine Kobold protestierte nicht. Er notierte noch schnell die neu erlernten Regeln in sein Büchlein:

„Niesen oder Husten,
das muss manchmal sein,
dann halt ich meinen Arm davor
und huste dort hinein.
In der Nase popeln,
ist ekelig, igitt.
Ich mach es nur, wenn niemand schaut,
dann kriegt es keiner mit.
Wenn mir die Nase läuft,
ist ein Taschentuch fein,
ich schnäuze mich und werfe
es dann in den Restmüll rein."

Firlefanz legte sich artig in das kleine Bett in der Puppenecke. Linda deckte ihn zu. „Gute Besserung, Firlefanz", sagte sie und strich dem Kobold durch seine leuchtend grünen Haare. „Dankeschön", murmelte Firlefanz und schon fielen ihm erschöpft die Augen zu.[2]

[1] Fragen Sie die Kinder, was Firlefanz hätte besser machen können.
[2] Wiederholen Sie mit den Kindern die Erkältungsregeln.

Unsere Regeln während der Erkältungszeit

Wir popeln nicht in der Nase.

Wir verwenden zum Naseputzen ein Taschentuch.

Das benutzte Taschentuch entsorgen wir im Restmülleimer.

Wir husten und niesen in unsere Armbeuge.

Wir waschen uns regelmäßig die Hände, damit sich daran keine Bakterien sammeln.

Fingerspiel: Familie Maus ist krank

Draußen bläst ein kalter Wind, *(die Hände hin und her schwingen)*
krank wird das kleine Mäusekind. *(kleinen Finger zeigen)*
Das Mäuslein hustet viele Tage *(husten und dabei den kleinen Finger bewegen)*
und auch das Niesen wird zur Plage. *(niesen „Hatschi" und den kleinen Finger bewegen)*
Doch halt! Hier stimmt doch etwas nicht, *(flache Hand heben)*
den Arm vorhalten, das ist Pflicht. *(die Armbeuge vor den Mund halten)*
Bitte denke stets daran, *(mit erhobenem Zeigefinger schimpfen)*
sonst steckst du alle anderen an. *(auf die anderen Kinder deuten)*
Doch leider ist es nun zu spät, *(Arme anwinkeln, die Handflächen zeigen nach oben)*
seht nur, wie es den anderen geht.

In dem kleinen Mäusehaus *(mit den Händen ein Dach formen)*
hustet jetzt auch Schwestermaus. *(Ringfinger zeigen)*
Doch die Schwester, die ist schlau, *(mit dem Zeigefinger an die Schläfe deuten)*
hält den Arm vor, komm und schau. *(die Armbeuge vor den Mund halten)*
Hustet leise, kannst du's hören? *(3-Mal leise in die Armbeuge husten)*
Komm, wir wollen sie nicht stören. *(mit der Hand winken)*

In dem kleinen Mäusehaus *(mit den Händen ein Dach formen)*
hustet jetzt auch Brudermaus. *(Mittelfinger zeigen)*
Doch der Bruder, der ist schlau, *(mit dem Zeigefinger an die Schläfe deuten)*
hält den Arm vor, komm und schau. *(die Armbeuge vor den Mund halten)*
Hustet laut, kannst du ihn hören? *(3-Mal laut in die Armbeuge husten)*
Komm, wir wollen ihn nicht stören. *(mit der Hand winken)*

In dem kleinen Mäusehaus *(mit den Händen ein Dach formen)*
niest jetzt auch die Muttermaus. *(Zeigefinger zeigen)*
Doch die Mutter, die ist schlau, *(mit dem Zeigefinger an die Schläfe deuten)*
hält den Arm vor, komm und schau. *(die Armbeuge vor den Mund halten)*
Niest ganz leis, kannst du sie hören? *(3-Mal leise in die Armbeuge niesen „Hatschi")*
Komm, wir wollen sie nicht stören. *(mit der Hand winken)*

In dem kleinen Mäusehaus, *(mit den Händen ein Dach formen)*
niest jetzt auch die Vatermaus. *(Daumen zeigen)*
Doch der Vater, der ist schlau, *(mit dem Zeigefinger an die Schläfe deuten)*
hält den Arm vor, komm und schau. *(die Armbeuge vor den Mund halten)*
Niest ganz laut, kannst du ihn hören? *(3-Mal laut in die Armbeuge niesen „Hatschi")*
Komm, wir wollen ihn nicht stören. *(mit der Hand winken)*

Das Mäuslein wollt das alles nicht, *(kleinen Finger zeigen)*
Arm vorhalten ist jetzt Pflicht. *(die Armbeuge vor den Mund halten)*
Das Mäuslein denkt nun stets daran *(mit dem Zeigefinger an die Schläfe deuten)*
und steckt so niemanden mehr an. *(mit dem Zeigefinger auf die anderen Kinder deuten)*
Hält stets den Arm vor seinen Mund, *(die Armbeuge vor den Mund halten)*
so bleibt Familie Maus gesund. *(alle fünf Finger ausstrecken und damit wackeln)*

WERTE UND SOZIALE UMGANGSFORMEN

TEILEN

GESCHICHTE: FIRLEFANZ LERNT, ZU TEILEN

Die Kinder und der kleine Kobold spielten gerade im Garten, als die Bäuerin Frau Ackermann mit ihrem kleinen Transporter vor dem Eingangstor hielt und eine Kiste mit frischen Früchten für den Kindergarten lieferte. Firlefanz lief auf sie zu, streckte ihr die Hand entgegen und sagte: „Hallo, ich heiße Firlefanz. Ich bin ein Kobold und schon viele Jahre alt." Frau Ackermann nahm lächelnd die Hand entgegen und begrüßte Firlefanz. „Guten Tag. Mein Name ist Frau Ackermann und nun ja, ich bin auch schon viele Jahre alt." „Was hast du denn alles dabei?", fragte Firlefanz neugierig. „Alles, was zurzeit auf meinen Wiesen und Feldern wächst. Gurken, Tomaten, Kirschen…" „Kirschen! Ich liebe Kirschen", schwärmte Firlefanz. „Na, wenn das so ist", sagte Frau Ackermann und holte eine Schachtel, die randvoll mit Kirschen befüllt war, und überreichte sie dem Kobold. „Ich habe so viele, da kann ich gerne ein paar abgeben. Aber teile sie gerecht mit den anderen Kindern." „Vielen Dank", sagte Firlefanz artig. Frau Ackermann verabschiedete sich und Firlefanz betrachtete freudig die leckeren Kirschen. Teilen? Das hörte der Kobold gar nicht gerne. Er liebte Kirschen und wollte sie ganz für sich allein haben. Er würde sie einfach schnell aufessen, bevor die anderen Kinder etwas mitbekamen. Hastig stopfte er sich eine Kirsche nach der anderen in den Mund.

„Lecker, Kirschen! Gibst du mir auch ein paar ab?", fragte Amelie, die sich Firlefanz unbemerkt genähert hatte. „Meins, meins, meins!", rief der Kobold und hielt die Schachtel dicht an sich gepresst. Amelie zog beleidigt ab, doch da kamen auch schon Theo und Felix und baten um ein paar Kirschen. Doch wiederum war Firlefanz nicht bereit, welche abzugeben. „Das ist gemein", sagte Theo und Felix schimpfte wütend: „Dann bist du nicht mehr unser Freund."

Firlefanz blieb allein zurück und betrachtete nachdenklich die prall gefüllte Schachtel. Eigentlich waren es wirklich genug Kirschen für alle Kinder. Und nun hatte er seine Freunde enttäuscht und verärgert. In seinem Bauch zwickte es merkwürdig und es breitete sich ein komisches Gefühl aus. Ob das wohl von den Kirschen kam? „Leckerschmecker, Kirschen", sagte Lotti, als sie Firlefanz mit der Schachtel in der Hand entdeckte. „Darf ich ein paar haben?" Firlefanz betrachtete die kleine Lotti, deren große, blaue Augen vorfreudig strahlten. „Ja, gerne", hörte er sich sagen, ehe er richtig darüber nachgedacht hatte. „Danke, Firlefanz. Das ist lieb von dir!", rief Lotti und umarmte den kleinen Kobold ganz fest. Wieder spürte Firlefanz ein ungewöhnliches Gefühl in seiner Magengegend. Doch dieses Mal fühlte sich nicht schlecht an, sondern irgendwie ganz warm und kribbelig und gut. Und das kam bestimmt nicht von den Kirschen.

Jetzt wusste Firlefanz, was zu tun war. Er ging zu Amelie, Theo und Felix und entschuldigte sich, dass er so gemein war und nur an sich gedacht hatte. „Ich will es wiedergutmachen", erklärte er und gab den dreien eine großzügige Portion Kirschen ab. Seine Freunde nahmen die Entschuldigung des kleinen Kobolds an und alle vertrugen sich wieder. Firlefanz verteilte die Kirschen auch an alle anderen Kinder und je mehr Kirschen er verteilte und je mehr Kinder sich bei ihm bedankten, desto glücklicher wurde er. Schließlich hatten sich alle versammelt und naschten die süßen Früchte und als Jakob vorschlug ein lustiges Kirschkern-Weitspucken zu veranstalten, waren sofort alle begeistert dabei. „Wie gut, dass ich die Kirschen geteilt habe", dachte Firlefanz und betrachtete zufrieden die leere Schachtel. „So hatten wir viel Spaß und ich habe meine Freunde glücklich gemacht."

Eifrig verfasste Firlefanz ein kleines Gedicht:[1]

„Ich teile mit den anderen,
das ist doch sonnenklar,
so kann sich jeder freuen
und das ist wunderbar.
Ich denk an meine Freunde,
nicht nur an mich allein,
denn dann ist jeder glücklich
und so soll es auch sein."

[1] Lassen Sie die Reimwörter von den Kindern ergänzen.

Gedicht: Teilen

Wir teilen mit den anderen, denn Teilen ist nicht schwer,
wenn ich viel von etwas habe, geb ich etwas her.
Ich teile den Geburtstagskuchen und andre leckre Sachen,
so kann ich auch den anderen eine Freude machen.

Ich teile meinen Regenschirm, komm, stell dich bei mi- unter,
so bleiben wir ganz trocken und gesund und munter.
Ich teile meine warme Decke gerne auch mit dir,
denn dann ist uns beiden warm und das gefällt auch mir.

Und mit meinem Spielzeug spiel ich nicht nur allein,
ich gebe es dir auch mal ab, genauso soll es sein.
Ich leih dir meine Puppe und du mir dein Auto,
ich teil mit dir und du mit mir, dann sind wir beide froh.

Wenn ich mich über etwas freue, ist es wunderbar,
wenn andere sich mit mir freuen, das ist sonnenklar.
Denn teil ich meine Freude, dann kann sie jeder sehen
und geteilte Freude ist gleich doppelt so schön.

Geteiltes Leid ist halbes Leid, der Spruch möchte mir sagen,
wenn ich mein Leid mit jemand teil, ist's leichter zu ertragen.
Drum lasse ich mich trösten, wenn ich mal traurig bin
und wenn mir jemand zuhört, ist's gleich nicht mehr so schlimm.

Wir können vieles teilen, egal ob Groß ob Klein,
so kann sich jeder freuen und keiner ist allein.

SPIELE UND ÜBUNGEN RUND UMS TEILEN

Im Stuhlkreis teilen

Material

- ein Korb mit gewaschenen Früchten, die sich gut teilen lassen, z. B. Mandarinen, Orangen, Weintrauben, Johannisbeeren, Kirschen, Bananen
- oder: eine Tafel Schokolade, Schokoriegel, Gummibärchen, eine Stange Baguette oder eine große Brezel

So geht es

Die Kinder sitzen im Stuhlkreis. Bestimmen Sie ein Kind, das sich ein Obststück aus dem Korb nehmen darf, das es gerne essen möchte. Nun soll das Kind die Gruppe fragen, wer mit ihm teilen möchte, z. B. „Wer möchte die Mandarine mit mir teilen?" Die Kinder, die auch gerne eine Mandarine essen möchten, melden sich. Das Kind wählt ein Kind aus und gibt ihm die Hälfte seiner Frucht ab. Das andere Kind bedankt sich dafür. Nun darf sich das nächste Kind ein Stück nehmen und mit einem anderen Kind teilen. Wenn alle Kinder mit Früchten versorgt sind, wird gemeinsam gegessen.
Des Weiteren können Sie auch eine oder zwei Tafeln Schokolade von den Kindern teilen lassen. Oder Sie legen Schokoriegel in die Mitte und überlegen mit den Kindern, ob die Riegel für alle reichen. Da nur für die Hälfte der Kinder ein Riegel vorhanden ist, teilen sich jeweils zwei Kinder einen Riegel. Eine Schale mit Gummibärchen wird gerecht aufgeteilt, sodass jedes Kind gleich viele Gummibärchen hat. Oder Sie geben eine Stange Baguette oder eine große Brezel im Kreis herum. Jedes Kind darf sich ein Stückchen abbrechen. Dabei soll darauf geachtet werden, dass das Baguette für alle reicht. Geht es am Ende nicht ganz auf, wird geschaut, wer ein besonders großes Stück hat und dieses noch mit einem Kind teilen kann, das noch kein Stück abbekommen hat.

Spiel: Herz-Collage

Material

- ein großes Plakat (Tonkarton)
- ein dicker Filzstift
- ein großes Blatt Papier (Zeitungspapier, rotes Papier, Regenbogenpapier)

Vorbereitung

Malen Sie auf ein großes Plakat ein Herz.

So geht es

Die Kinder sitzen im Stuhlkreis. Legen Sie das Plakat mit dem Herzen in die Kreismitte und zeigen Sie den Kindern das rote Papier (Zeitungsblatt etc.). Erklären Sie, dass Sie das Herz mit dem Blatt befüllen möchten, und fordern Sie die Kinder auf, Möglichkeiten zu nennen, wie dies gelingen kann. Die Lösung ist, das Blatt in viele Teile zu reißen und das Herz damit auszulegen. Nehmen Sie das Blatt und reißen Sie es in der Mitte auseinander. Dazu sagen Sie den Spruch „Teilen, das macht großen Spaß, wenn man teilt, kriegt jeder was."
Nun geben Sie einem Kind eine Hälfte des Papiers. Sprechen Sie gemeinsam mit den Kindern den Spruch, während Sie und das Kind das Papier erneut zerreißen und eine Hälfte an ein weiteres Kind abgeben. Die vier Papierstücke werden auf gleiche Weise zerrissen. Wenn jedes Kind ein Stück Papier hat, darf jedes Kind sein Stück in das Herz legen. Kleben Sie die einzelnen Teile auf. Auf die fertige Herz-Collage können Sie zusätzlich den Spruch schreiben und das Plakat dann im Kindergarten aufhängen.

TRANSFER IN DEN ALLTAG

Das Thema Teilen taucht im Kindergartenalltag immer wieder auf.

- Achten Sie darauf, dass Lebensmittel stets gerecht geteilt werden. Jeder bekommt gleich viel Nachtisch oder alle ein gleich großes Stück vom gemeinsam gebackenen Kuchen.
- Bieten Sie Aktionen an, bei denen jedes Kind etwas von zu Hause mitbringt, was dann mit den anderen Kindern geteilt wird. Z. B. bringt jedes Kind ein Stück Obst von zu Hause mit. Alle Obststücke werden gemeinsam zubereitet und zu einem Obstsalat verarbeitet, der dann zusammen gegessen wird. Am Geburtstag bringt das Kind einen Kuchen (o. Ä.) mit und teilt diesen mit allen Gästen.
- Spielzeuge und Spielorte dürfen von allen Kindern genutzt werden. Nach einer gewissen Zeit gibt das Kind z. B. den neuen Bagger an ein anderes Kind ab oder es wird der Platz auf der Schaukel für ein anderes Kind frei gemacht.
- Am Maltisch gibt es nur zwei bis drei Scheren, Klebestifte oder einen Klebefilmroller. Die Materialien werden unter den Kindern geteilt.
- Das Thema Teilen kann durch zahlreiche Bilderbücher oder Märchen („Sterntaler", „Hans im Glück", „Der Froschkönig", „die Laterne Lumina", St. Martin) immer wieder aufgegriffen werden.
- Es gibt zahlreiche Hilfsorganisationen, die Spenden sammeln, um sie mit armen Menschen (in anderen Ländern) zu teilen. Beteiligen Sie sich mit den Kindern an so einer Aktion, z. B. einmal im Jahr passend zum Martinstag. Hierbei können die Kinder und Familien von ihrem Spielzeug und ihrer Kleidung abgeben und mit ärmeren Menschen teilen.
- Machen Sie den Kindern auch bewusst, dass Teilen nicht immer notwendig ist. Wenn jedes Kind sein eigenes Frühstück dabeihat, ist es nicht nötig, etwas von dem Eigenen abzugeben. Wenn ein Kind ein neues Spielzeug dabeihat und dieses vorerst für sich allein möchte, ist das auch in Ordnung.

Teilen, teilen, das macht Spaß,
wenn man teilt, hat jeder was.
Eins und zwei und drei und vier,
heute teile ich mit dir!

EHRLICHKEIT

GESCHICHTE: FIRLEFANZ SAGT IMMER DIE WAHRHEIT

„Wer hat in der Kuschelecke gespielt und dort nicht aufgeräumt?", fragte Linda die Gruppe und deutete auf die Kuschelecke, in der Kissen, Decken und Kuscheltiere, wild verstreut, auf dem Boden lagen. „Dort waren Theo und Firlefanz", antwortete Felix, der am Tisch saß und ein Puzzle machte. Linda forderte die beiden auf, das Chaos in der Kuschelecke zu beseitigen. „Felix hat aber auch mitgespielt", rief Theo. „Stimmt das, Felix?", fragte Linda den Jungen. „Nein, ich habe die ganze Zeit gepuzzelt", log Felix.[1]

Theo und Firlefanz falteten die Decken zusammen und sortierten die Kissen und Kuscheltiere in die davor vorgesehenen Boxen. Als sie fertig waren, gingen die beiden zu Felix. „Du hast Linda angelogen. Du hast doch auch mit uns in der Kuschelecke gespielt," beschwerte sich Theo. „Das war gemein von dir. Du hättest uns beim Aufräumen helfen sollen", fügte Firlefanz hinzu. „Ich hatte aber keine Lust", entgegnete Felix bockig und widmete sich wieder seinem Puzzle. Als er fertig war, setzte er sich zu Firlefanz an den Maltisch. Der Kobold hielt mehrere Stifte in der Hand und malte damit wilde Kreise auf seinem Papier. „Was machst du da?", wollte Felix wissen. „Ich male einen Wirbelsturm", antwortete der Kobold. „Oh ja, ich mache mit", sagte Felix. Er nahm sich ebenfalls mehrere Stifte und kritzelte damit wild auf seinem Papier herum. Die beiden malten immer schneller und wilder, bis das ganze Papier mit bunten Kreisen versehen war. Leider hatte auch der Tisch zahlreiche Striche abbekommen. „Oh, oh", sagte Felix. „Lass uns schnell unser Blatt aufräumen. Wenn Linda sieht, dass wir den Tisch angemalt haben, bekommen wir bestimmt Ärger." Die beiden räumten ihre Bilder in ihre Eigentumsfächer, als sie Linda schimpfen hörten: „Wer hat den ganzen Tisch angemalt?" „Los Felix, wir müssen Linda sagen, dass wir das waren", flüsterte der Kobold. „Nein, das machen wir nicht. Dann bekommen wir Ärger.[2] Linda hat uns nicht gesehen, also sagen wir einfach, dass wir das nicht waren." „Aber das ist doch gelogen", entgegnete Firlefanz. „Ich bin ein Kobold und Kobolde können gar nicht lügen." „Du kannst nicht lügen?", fragte Felix verwundert und Firlefanz schüttelte den Kopf. „Ich möchte jetzt wissen, wer das war", sagte Linda erneut. Firlefanz meldete sich und gab zu, dass er und Felix beim Malen des Wirbelsturms versehentlich den Tisch angemalt hatten. Linda schaute die beiden vorwurfsvoll an, doch Felix behauptete schnell, dass er an der Aktion nicht beteiligt gewesen war. „Zeig mir deine Schublade", forderte Linda den Jungen auf, woraufhin er diese widerwillig öffnete und Linda das Bild seines Wirbelsturms entdeckte. „Du hast gelogen, Felix. Ich möchte, dass du in Zukunft die Wahrheit sagst", forderte Linda streng. Sie gab Felix und Firlefanz einen Eimer Wasser und zwei Schwämme, mit denen die beiden den Maltisch sauber schrubben mussten. „Sowas Doofes, dass du nicht lügen kannst", meckerte Felix, während er wild auf dem Tisch herumschrubbte. „Das ist nicht doof", entgegnete Firlefanz, „es ist richtig, die Wahrheit zu sagen. Auch wenn man etwas angestellt hat. Du möchtest doch auch nicht, dass dich jemand anlügt, oder?" Felix überlegte kurz und nickte dann einsichtig. „Du hast Recht. Und zusammen haben wir den Tisch ja auch schnell wieder sauber."

„Wo ist denn nur meine CD, die ich heute von zu Hause mitgebracht habe? Ich habe schon überall gesucht und kann sie nicht finden", sagte Amelie und war den Tränen nahe. „Bestimmt hat sie Felix. Ich habe gesehen, wie er sie sich vorhin angeschaut hat", sagte Theo. „Ich habe sie nicht. Wirklich nicht!", rief Felix empört. Linda mischte sich in das Geschehen ein und sah Felix streng an: „Es fällt mir schwer, das zu glauben. Du hast heute schon 2-mal gelogen. Woher soll ich wissen, dass du jetzt die Wahrheit sagst. Tut mir leid, aber ich glaube dir nicht, Felix. Wo ist die CD?" „Ich habe sie nur angeschaut und dann wieder auf das Regal gelegt", sagte Felix und wirkte verzweifelt. „Wer einmal lügt, dem glaubt man nicht und wenn er auch die Wahrheit spricht", sagte Amelie. Felix wusste, was sie damit meinte. Er hatte so oft gelogen, dass ihm nun niemand mehr glaubte, obwohl er dieses Mal wirklich unschuldig war und die CD nicht genommen hatte. „Felix war die ganze Zeit bei mir, er hat die CD sicher nicht genommen", mischte sich Firlefanz ein. Linda glaubte Firlefanz, denn sie wusste, dass der Kobold immer die Wahrheit sagte. „Gut, dann suchen wir nun alle gemeinsam", schlug Linda vor. „Wo hast du die CD zuletzt gesehen?", wollte sie von Amelie wissen und das Mädchen deutete auf das Holzregal. Linda schob es ein Stück nach vorn und entdeckte hinter dem Regal die CD auf dem Boden. Sie war ganz einfach hinter das Regal gerutscht. „Tut mir leid, Felix, dass ich dich beschuldigt habe", sagte Linda, „aber vielleicht ist dir das eine Lehre und du sagst in Zukunft die Wahrheit." Felix nickte einsichtig und bedankte sich bei Firlefanz, der zu ihm gehalten hatte. „Ich habe ein Sprüchlein für dich gereimt", sagte Firlefanz. Er kramte sein goldenes Büchlein heraus und las vor:

„Ich sag die Wahrheit jeden Tag,
weil jeder sie gern hören mag,
und denke immer stets daran,
dass Lügen niemand leiden kann."

Auch Amelies Spruch hatte sich der Kobold aufgeschrieben:[3]

„Wer einmal lügt, dem glaubt man nicht,
und wenn er auch die Wahrheit spricht."

[1] Fragen Sie die Kinder, warum Felix in der Situation wohl lügt.
[2] Fragen Sie die Kinder, aus welchem Grund Felix dieses Mal lügt.
[3] Fragen Sie die Kinder, ob sie sich an Amelies Spruch erinnern können, und wiederholen sie den Spruch gemeinsam.

GEDICHT: DER LÜGENWICHT

Es war einmal ein kleiner Wicht,
der sprach die Wahrheit niemals nicht.
Der größte Lügenwicht auf Erden
log ständig, ohne rot zu werden.

Die alte Eule flog herbei,
sie hatte keine Hände frei.
War voll bepackt mit vielen Sachen,
um sich ein neues Nest zu machen.

„Kannst du mir helfen, kleiner Wicht?"
„Nein, Frau Eule, kann ich nicht.
Denn ich hab grade keine Zeit,
das tut mir wirklich herzlich leid."

Der kleine Wicht lag faul im Gras,
denn das machte viel mehr Spaß,
als schwere Körbe heimzutragen,
warum sollte er sich plagen?

Oh je, oh wei, der Lügenwicht
lässt das Lügen einfach nicht.

Der Wicht hatte Besuch vom Bär,
darüber freute er sich sehr.
Die zwei spielten ein Würfelspiel,
der Wicht war drei Schritte vorm Ziel.
Doch würfelte er eine Zwei,
verdrehte den Würfel schnell zur Drei.
So hatte der kleine Wicht gewonnen,
der Bär schaute noch ganz benommen.

„Hast du geschummelt, kleiner Wicht?
Das ist gemein, das macht man nicht."
„Hab nicht geschummelt, nicht gelogen
und dich gewiss auch nicht betrogen."

Der kleine Wicht freute sich sehr,
denn der Gewinner war nun er.
Gewonnen hatte er allein,
warum sollte er ehrlich sein?

Oh je, oh wei, der Lügenwicht
lässt das Lügen einfach nicht.

Die Amsel sammelte ne Weile
frische Beeren ohne Eile.
Legte sie ins Körbchen rein,
bald würde sie fertig sein.
Doch da kam schnell der Lügenwicht,
war auf die Beeren ganz erpicht.
Schnappte die Beeren kugelrund
und stopfte sie in seinen Mund.
Als die Amsel kam zurück
sagte sie mit strengem Blick:
„Hast du meine Beeren gestohlen?
Den Hintern werd ich dir versohlen!"
„Aber nein, das war ich nicht",
flunkerte der Lügenwicht.

„Es war der Fuchs, der war grad da,
glaub mir, das ist wirklich wahr."

Der kleine Wicht log ohne Scham
und nahm die Amsel auf den Arm.
„Warum soll ich die Wahrheit sagen?
Ich wollte keinen Ärger haben."

Oh je, oh wei, der Lügenwicht
lässt das Lügen einfach nicht.

Die schöne Waldfee war sehr klug,
hatte vom Lügenwicht genug.
„Hör mir zu, du kleiner Wicht:
Du lügst zu viel, das mag ich nicht.
Ab jetzt sollst du die Wahrheit sagen,
der Eule ihre Dinge tragen.
Vorm Bären nicht mehr lügen
und nicht beim Spiel betrügen.
Die Amsel nicht bestehlen
und wahre Worte wählen.
Mit dem Lügen ist's vorbei,
ich zaubre dir nun, eins-zwei-drei,
für jede Lüge, kleiner Wicht,
ein rotes Pünktchen ins Gesicht."

Doch unser kleiner Lügenwicht
beachtete die Fee gar nicht.
„Rote Punkte? So ein Quatsch!
Ich hab weiter meinen Spaß.
Ich lasse mich nicht unterkriegen
und lüg, dass sich die Balken biegen."

Oh je, oh wei, der Lügenwicht
lässt das Lügen einfach nicht.

Doch als er in den Spiegel sah,
wurd dem Lügenwicht schnell klar:
Der Zauber war geschehen,
das konnte er nun sehen.
Rote Punkte im Gesicht,
das gefiel ihm wirklich nicht.
Von nun an war der Wicht bekannt
als Lügenbold im ganzen Land.
Die Punkte gingen nicht mehr fort
und keiner glaubte ihm ein Wort.
Niemand wollte bei ihm sein,
so war der Lügenwicht allein.

Drum denke bitte stets daran,
dass Lügen niemand leiden kann.
Die Wahrheit sagen ist viel wert
und ganz gewiss niemals verkehrt.

FAIRNESS, VERLIEREN

GESCHICHTE: FIRLEFANZ MÖCHTE NICHT VERLIEREN

Heute durfte Firlefanz das erste Mal mit Linda und der Kindergartengruppe zum Turnen gehen. Darauf freute er sich sehr, denn er liebte es, sich zu bewegen, zu rennen und zu toben. Linda teilte die Kinder in der Turnhalle in zwei Mannschaften ein und jedes Kind bekam einen weichen Softball. Dann stellten sich die beiden Teams gegenüber in zwei Spielfelder. Linda pfiff in ihre Trillerpfeife, woraufhin die Kinder begannen, mit ihren Bällen die Kinder der gegnerischen Mannschaft abzuwerfen. Das Kind, das von einem Ball getroffen wurde, musste ausscheiden und das Spielfeld verlassen. Firlefanz wich den umherfliegenden Bällen geschickt aus und hatte selbst schon zwei Kinder des anderen Teams abgeworfen. Das war ein großer Spaß. Doch da traf ihn Felix, der in der anderen Mannschaft spielte, mit seinem Ball. „Firlefanz, du bist getroffen, du scheidest aus", rief Linda. „Der Ball hat mich doch nur ganz leicht berührt", protestierte Firlefanz, doch Linda blieb hartnäckig und forderte den Kobold auf, das Spielfeld zu verlassen. „So ein doofes Spiel!", schrie Firlefanz und stampfte wütend vom Feld. Am Ende hatte die Mannschaft von Felix gewonnen, was Firlefanz noch mehr verärgerte. „Wir spielen noch eine zweite Runde", erklärte Linda, „los, Firlefanz, vielleicht habt ihr dieses Mal mehr Glück." Während sich die anderen Kinder erneut in das Spielfeld stellten, blieb Firlefanz mit verschränkten Armen auf der Bank sitzen. „Verlieren ist doof", jammerte er, „ich spiele nicht mehr mit."

Das Spiel wurde ohne den Kobold fortgeführt und tatsächlich gewann am Ende die Mannschaft von Firlefanz und die Kinder jubelten. Das nächste Spiel war ein Staffellauf, bei dem die Kinder in zwei neue Teams eingeteilt wurden. Felix und Theo stellten sich an die Startlinie und durften sich Kinder für ihr Team auswählen. Firlefanz wollte diesmal unbedingt zu Felix in die Mannschaft, denn der war superschnell und bestimmt würde sein Team gewinnen. „Felix, wähl bitte mich in dein Team", rief Firlefanz dem Jungen zu. Doch dieser schüttelte den Kopf. „Nein, dich wähle ich nicht", sagte er,[1] „wenn wir verlieren, bockst du nur wieder rum und lässt uns in der nächsten Runde hängen." Firlefanz wurde nachdenklich. Felix hatte Recht, es war nicht nett von Firlefanz, dass er seine Mannschaft in der zweiten Runde nicht mehr unterstützt hatte, nur weil er einmal abgeworfen worden war. „Ich verspreche, dass ich diesmal bis zum Ende mitspiele. Großes Kobold-Ehrenwort", sagte Firlefanz ernst. „Na gut, du darfst in mein Team kommen", erklärte Felix großzügig, woraufhin sich der Kobold zu Felix an die Startlinie stellte.

Von nun an spielte Firlefanz freudig mit und auch, wenn seine Mannschaft mal verlor, ließ er sich nicht entmutigen und war bei der nächsten Runde wieder aktiv dabei.

Die Turnstunde verging wie im Flug und Firlefanz und die Kinder hatten eine Menge Spaß bei den lustigen Bewegungsspielen. „Wie hat dir deine erste Turnstunde gefallen?", fragte Linda den Kobold am Ende der Stunde. „Supidupi!", rief Firlefanz begeistert. „Ich hoffe, du verstehst nun, dass man nicht immer nur gewinnen kann", sagte Linda und der Kobold nickte. „Aber gewinnen macht trotzdem mehr Spaß als Verlieren", murmelte Firlefanz. Doch er hatte eingesehen, dass es zum Spielen dazugehört, dass man auch mal verliert, und dass das eigentlich gar nicht so schlimm ist, denn die Spiele machten ja trotzdem Spaß. Er kramte sein goldenes Büchlein heraus und vermerkte darin einen kurzen Spruch:[2]

Ich kann nicht nur gewinnen,
doch macht mir das nichts aus,
wenn ich einmal verliere,
dann mach ich mir nichts draus.
Dann schaue ich nach vorne
und denke nicht zurück
und an einem anderen Tag
hab ich vielleicht mehr Glück.
Verliern ist zwar nicht schön,
doch ist es auch nicht schlimm,
ich freue mich beim nächsten Mal,
wenn ich Gewinner bin.

[1] Fragen Sie die Kinder, ob sie eine Idee haben, warum Felix Firlefanz nicht in seinem Team haben will.

[2] Lassen Sie die Reimwörter von den Kindern ergänzen.

Spiele und Übungen rund ums Gewinnen und Verlieren

Brettspiele eignen sich hervorragend, um den Kindern erste spielerische Erfahrungen zum Thema Gewinnen und Verlieren zu ermöglichen. Umgestaltet zu aktiven Bewegungsspielen für die Turnhalle, machen diese Spiele gleich doppelt Spaß. Neben den vielen Spielen, bei denen es Gewinner und Verlierer gibt, möchte ich Ihnen hier noch Spiele vorstellen, bei denen man entweder im Team gewinnt und verliert oder bei denen das Verlieren trotz allem Spaß macht und deswegen nicht so schwerfällt.

Lauf-Memo

Material

ein Memoryspiel

So geht es

Teilen Sie die Kinder in zwei Mannschaften. Beide Mannschaften stehen in jeweils einer Reihe hintereinander an der Startlinie. Zwischen den beiden Reihen liegen umgedrehte Memory-Kärtchen auf dem Boden (eines von jedem Paar). Gegenüber, auf der anderen Seite des Raumes, liegen die anderen Memory-Kärtchen aufgedeckt auf dem Boden. Beim Startsignal darf das erste Kind jeder Mannschaft ein Kärtchen aufdecken und soll sich das darauf abgebildete Bild gut merken. Dann rennt es auf die andere Seite und sucht aus den aufgedeckten Kärtchen das passende Gegenstück. Dieses Kärtchen nimmt es mit zurück und vergleicht es mit der zuerst aufgedeckten Karte. Ist die Karte falsch, muss das Kind diese zurückbringen und erneut nach der richtigen Karte suchen. Ist das Pärchen richtig, darf es behalten werden und das nächste Kind der Mannschaft darf starten. Die Mannschaft, die am Ende mehr Pärchen hat, hat gewonnen.

Löse das Puzzle

Material

2 Rahmenpuzzle mit gleich vielen Teilen in unterschiedlichen Farben

So geht es

Suchen Sie sich zwei Rahmenpuzzle mit gleich vielen Teilen. Die Motive sollten farblich sehr unterschiedlich gestaltet sein.
Teilen Sie die Kinder in zwei Mannschaften. Jede Mannschaft erhält ein Puzzle und soll sich dieses gut anschauen. Nun leeren Sie die Puzzleteile aus und verteilen Sie im Bewegungsraum. Beim Startsignal dürfen die Kinder loslaufen und die Teile suchen, die zu ihrem Puzzle gehören, und an die passende Stelle im Rahmen legen.
Die Mannschaft, die ihr Puzzle als erstes fertig hat, hat gewonnen. Die Verlierer-Mannschaft bekommt die Möglichkeit, ihr Puzzle noch fertigzustellen.

Stopp-Tanz

Material

CD und Abspielgerät

Die Kinder tanzen zur Musik durch den Raum. Sobald Sie die Stopptaste drücken, müssen die Kinder bewegungslos stehen bleiben. Das Kind, das sich als letztes noch bewegt, scheidet eine Runde aus. Es darf in der nächsten Runde die Stopptaste auf dem Abspielgerät drücken. Ein anderes Kind scheidet nun aus und das erste Kind darf wieder ins Spiel. Bei diesem Spiel fällt das Ausscheiden den Kindern nicht schwer, da sie nur für eine Runde aussetzen müssen und dabei eine spannende Aufgabe, das Drücken der Stopptaste, erhalten.

Wettessen

Material

Schaumküsse, Salzbrezeln und Wollfaden, Gummischlangen

So geht es

Spiele, bei denen es ums Wettessen geht, machen den Kindern viel Freude und das Gewinnen und Verlieren wird dabei schnell zur Nebensache.
Für das Wettessen eignen sich Schaumküsse, die auf einem Teller platziert und ohne Hände gegessen werden müssen. Es treten 2–4 Kinder gegeneinander an. Das Kind, das als erstes seinen Schaumkuss aufgegessen und den Mund leer hat, ist Sieger. Das andere Kind ist zweiter (dritter, vierter) Sieger.
Für ein Wettessen können Sie ebenso Salzbrezeln auf eine Schnur fädeln. 2–4 (gleich große) Kinder treten gegeneinander an und versuchen ohne Zuhilfenahme der Hände, die Brezeln von der gespannten Schnur abzuknabbern. Wer die Brezel zuerst komplett abgebissen hat, ist Sieger.
Auch das Wettessen von langen Gummischlangen macht den Kindern viel Spaß. Es können beliebig viele Kinder gegeneinander antreten. Die Gummischlange wird an einem Ende in den Mund genommen, die Hände befinden sich auf den Rücken der Kinder. Beim Startsignal versuchen die Kinder, die Gummischlange möglichst schnell zu essen. Fällt die Schlange dabei aus dem Mund, kann sie aufgehoben und erneut angesetzt werden. Das Kind, das die Schlange als erstes komplett im Mund hat, ist Sieger. Die anderen Kinder belegen die weiteren Plätze.

HILFSBEREITSCHAFT

GESCHICHTE: FIRLEFANZ WIRD ZUM HELFER IN DER NOT

Eines Nachmittags spielte Theo mit einigen größeren Jungen im Garten Piraten. „Los, Theo, du kletterst auf den Baum und hältst Ausschau", befahl Tim, ein älterer Junge mit kurzen, schwarzen Haaren, und deutete auf den knorrigen, alten Kletterbaum. „Kann das nicht jemand anders machen?", fragte Theo zögerlich. „Traust du dich etwa nicht, auf den Baum zu klettern?", sagte Tim und lachte: „Du Angsthase!" „Natürlich trau ich mich", antwortete Theo trotzig. Er stieg auf den untersten Ast des Baumes und kletterte langsam immer höher, bis er schließlich auf einem dicken Ast weit oben seinen Platz einnahm. Tim befahl seiner Piratenmannschaft, in See zu stechen, woraufhin er und die anderen Jungs mit wildem Gebrüll davonstürmten.
Theo saß weiterhin auf dem Baum und klammerte sich an dem Stamm fest. Firlefanz, der die Situation beobachtet hatte, kam näher und sprach Theo an: „Alles in Ordnung bei dir?", fragte er. „Ja klar, was soll schon sein? Lass mich in Ruhe, ich spiele mit den anderen Jungs Piraten."
Doch die anderen Jungs waren nicht mehr zu sehen. Theo blickte ängstlich in die Tiefe, wobei ihm ganz schwindelig wurde. Er hätte niemals so hoch auf den Baum klettern sollen, doch er wollte vor den anderen Jungs seine Angst nicht zeigen. Aber wie kam er nun wieder hinunter? Theos Körper zitterte und schließlich begann er, leise zu schluchzen.
Plötzlich hörte Theo eine leise Stimme direkt an seinem Ohr. „He, was ist los mit dir?" Theo entdeckte direkt neben sich auf dem Ast Firlefanz, der tröstend seinen Arm um ihn gelegt hatte. Der flinke Kobold hatte gesehen, wie Theo geweint hatte, und war geschwind auf den Baum geklettert, um seinem Freund zu helfen. „Ich weiß nicht, wie ich wieder hinunterkomme", gab Theo zu. „Du brauchst keine Angst zu haben", sagte Firlefanz, „jetzt bin ich ja da und ich helfe dir. Ich kann nämlich supergut klettern." Theo beruhigte sich langsam und blickte den kleinen Kobold dankbar an. „Also, mach genau, was ich dir sage", forderte Firlefanz seinen Freund auf. „Halte dich mit der Hand hier an dem dicken Zweig fest und dann lässt du deinen Fuß langsam nach unten gleiten, bis er auf dem langen Ast da unten steht." Theo befolgte die Anweisungen des kleiner Kobolds. Er war froh, dass Firlefanz in seiner Nähe war und mit ruhiger Stimme zu ihm sprach, bis er schließlich unten angekommen war und wieder festen Boden unter den Füßen hatte. „Danke, Firlefanz, dass du mir geholfen hast", sagte Theo und fiel dem Kobold erleichtert um den Hals.

„Ich helfe gerne, das ist klar,
dafür sind Freunde schließlich da",

reimte Firlefanz und kritzelte den Spruch gleich in sein goldenes Büchlein. Dann fügte er noch ein paar Zeilen hinzu:

„Und schaff ich etwas nicht allein,
kann ein Freund behilflich sein.
Ich muss nicht jammern und nicht klagen,
sondern nur nach Hilfe fragen.
Hat jemand Angst, dann bin ich da
und tröste ihn, das ist doch klar.
Dann ist er nicht mehr traurig und findet
neuen Mut
und durch liebe Worte wird alles wieder gut."

Das goldene Büchlein war nun schon bald voll, denn der Kobold hatte von den Kindern schon eine ganze Menge gelernt. Sie hatten ihm so oft geholfen, all die Regeln zu lernen, und er freute sich, dass nun auch er einmal behilflich sein konnte.[1 und 2]

[1] Fragen Sie die Kinder, ob sie sich erinnern können, wobei die Kinder Firlefanz bisher schon geholfen haben und was sie ihm beigebracht haben. Dies ist eine gute Wiederholung der bisher behandelten Themen.

[2] Sammeln Sie mit den Kindern Situationen, in denen sie selbst schon mal einem Freund geholfen, oder Hilfe gebraucht haben.

SPIELE RUND UMS HELFEN

Spiel: Teamwork auf der Bank

Material
eine Langbank

So geht es
Die Kinder stehen nebeneinander auf einer Langbank. Das letzte Kind muss nun an allen Kindern vorbeigehen, ohne den Boden zu berühren und ohne, dass ein anderes Kind herunterfällt. Ist das Kind am Ende der Bank angelangt, rutschen die anderen Kinder ein Stück auf und das nächste Kind macht sich auf den Weg.
Fällt eines der Kinder von der Bank, muss der Durchgang von vorn begonnen werden. Haben alle Kinder den Weg bewältigt, ist die Aufgabe geschafft.

Variation: Balance auf der Bank

Aufgabe der Kinder ist es, über die umgedrehte Langbank zu balancieren, ohne dabei den Boden zu berühren. Fitte Kinder schaffen dies ohne Hilfe. Unsichere Kinder dürfen ein anderes Kind oder Sie selbst um Hilfe bitten. Dazu sagen die Kinder: „Kannst du mir bitte helfen?" Dann wird das Kind an der Hand gehalten und ihm so geholfen, die Bank zu überqueren.

Spiel: Teamwork mit dem Seil

Material
ein langes Seil

So geht es
Spannen Sie ein Seil im Turnraum von einer Seite zur anderen. Sie können das Seil z. B. an die Sprossenwand binden und das andere Ende selbst festhalten. Idealerweise hält eine Kollegin das andere Ende.
Die Kinder stellen sich an einer Seite des Turnraumes, gegenüber vom Seil, nebeneinander auf und fassen sich an den Händen. Ihre Aufgabe ist es nun, gemeinsam das Seil zu überqueren, ohne sich dabei loszulassen und ohne, dass ein Kind das Seil berührt. Beim ersten Durchgang kann das Seil auf dem Boden liegen. Bei den nächsten Durchgängen können Sie das Seil immer etwas höher halten. Ab einer gewissen Höhe müssen die Kinder nicht mehr über das Seil steigen, sondern darunter hindurchlaufen, ohne es zu berühren.
Berührt ein Kind während eines Durchgangs das Seil oder lassen die Kinder ihre Hände los, muss der Durchgang wiederholt werden.

Variation: Blinden-Parcours

Spannen Sie das Seil wie im vorherigen Spiel. Die Kinder gehen paarweise zusammen. Ein Kind bekommt die Augen verbunden, das andere Kind führt das blinde Kind von einer zur anderen Seite über das Seil bzw. darunter hindurch. Dabei soll es das Kind vorsichtig führen und mit ihm reden, um es auf das Hindernis (Seil) aufmerksam zu machen. Haben alle Kinder ihren Partner auf die andere Seite geführt, ohne dass ein Kind das Seil berührt hat, werden die Rollen getauscht.

TRANSFER IN DEN ALLTAG

Im Kindergartenalltag gibt es zahlreiche Situationen, in denen das Thema Hilfsbereitschaft aufgegriffen und gelebt werden kann.

- Sie selbst leben Hilfsbereitschaft vor, indem Sie Kindern, Kolleginnen, Eltern usw. helfen oder selbst Ihre Hilfe anbieten. Verbalisieren Sie Ihre Hilfe und machen Sie diese so für die Kinder noch deutlicher „Warte, ich helfe dir."
- Bitten Sie die Kinder um Hilfe, um ihnen so die Chance zum Helfen zu geben, z. B. beim Tischdecken, Spülmaschineausräumen, Stuhlkreis stellen usw.
- Fordern Sie die Kinder auf, sich untereinander zu helfen. Wenn Sie ein Kind um etwas bittet, können Sie die Bitte ggf. an andere Kinder weitergeben.
- Bestärken Sie die Hilfsbereitschaft der Kinder mit Beachtung und Lob.
- Verdeutlichen Sie immer wieder die positiven Auswirkungen von Gemeinschaft und Hilfsbereitschaft. Gemeinsam aufräumen geht schneller; wenn etwas verloren gegangen ist, ist die Wahrscheinlichkeit höher, es zu finden, wenn alle mithelfen usw.
- Durch Bilderbücher und auch viele Märchen (z. B. „Sterntaler", „Die Bienenkönigin", „Frau Holle") kann das Thema Hilfsbereitschaft behandelt und den Kindern nähergebracht werden.
- **Aktion „Patenkinder"**
  - ⇨ Durch Patenschaften kann das Thema Hilfsbereitschaft im Kindergartenalltag umgesetzt werden. Dabei übernimmt ein Vorschulkind oder älteres Kindergartenkind die Patenschaft für ein neues oder jüngeres Kind.
  - ⇨ Teilen Sie die Kinder paarweise ein (vorher Sympathien erkunden und beachten), stellen Sie sie einander vor und machen Sie zu Beginn der Patenschaft ein Foto der beiden Kinder für ihr Portfolio.
  - ⇨ Die Aufgabe der Paten ist es, ihr Patenkind zu unterstützen und ihm im Alltag zu helfen. Dies kann in verschiedenen Situationen geschehen. Z. B. helfen die Paten ihren Patenkindern beim Erlernen neuer Abläufe, beim Anziehen, beim Einschenken von Getränken usw. und nehmen es bei Spaziergängen an die Hand.
  - ⇨ Setzen Sie Impulse und stellen Sie Aufgaben, um die Patenschaft zu festigen, z. B. „Die Paten nehmen ihr Patenkind an die Hand und stellen sich an der Tür an." oder „Jeder Pate hilft erst seinem Patenkind beim Anziehen für den Garten und zieht sich anschließend selbst an."
  - ⇨ Die Patenschaften machen für die neuen Kinder (Patenkinder) die Eingewöhnungszeit leichter, sie finden schneller Anschluss und haben (neben der Erzieherin) einen Ansprechpartner im Alltag oder bei Problemen. Die Paten üben sich in Hilfsbereitschaft, Verantwortung und Rücksichtnahme und stärken ihr Selbstbewusstsein.

GESCHICHTE: FIRLEFANZ FINDET EINEN NEUEN FREUND

Ein kräftiger Sturm hatte in der letzten Nacht viele Äste und Zweige von den Bäumen gefegt und im Garten des Kindergartens verteilt. Tim und einige andere Vorschuljungen hatten die Stöcke gesammelt und bauten daraus ein kleines Indianer-Tipi.
Firlefanz beobachtete gespannt, wie die Jungs die langen Stöcke zu einem kleinen Zelt auftürmten.
Das sah toll aus und der kleine Kobold wollte gerne mithelfen. Mit Tim und den Jungs hatte er bisher zwar noch nicht viel zu tun gehabt, doch er wagte dennoch einen Versuch, bei ihnen mitzumachen.
„Darf ich euch beim Bauen des Tipis helfen?“, fragte Firlefanz die Jungs. Tim musterte den kleinen Kobold kritisch von oben bis unten. „Wie kannst du uns schon helfen, du Winzling. Du bist viel zu klein. Auf deine Hilfe können wir verzichten“, spottete Tim und auch die anderen Jungs nickten zustimmend.
Enttäuscht machte Firlefanz kehrt. Er wusste ja, dass er sehr klein war im Vergleich zu den Kindergartenkindern. Aber er konnte doch trotzdem mit anpacken. Traurig setzte er sich auf die kleine Holzbank und beobachtete, wie die Jungs allein das Tipi fertigstellten.[1]
Am Nachmittag waren die Aufbauarbeiten endlich abgeschlossen und die Jungs spielten fröhlich Indianer. Firlefanz hatte große Lust, mitzuspielen, deshalb wagte er einen neuen Versuch, sich der Jungengruppe anzunähern. „Darf ich bei euch mitspielen, jetzt wo das Tipi fertig ist?“, fragte er zögerlich. „Du willst mit uns Indianer spielen?“, lachte Tim, „Indianer müssen sich anschleichen und unauffällig sein. Mit deinen leuchtend grünen Haaren fällst du doch sofort auf. Und einen Indianer mit grünen Haaren habe ich auch noch nie gesehen.“ Firlefanz ließ entmutigt den Kopf hängen. Was hatte er nur getan, dass Tim so gemein zu ihm war? Es stimmte ja, er sah ganz anders aus als die Kinder und seine Haare waren wirklich auffällig, aber es war doch nur ein Spiel. Und es war nicht nett, jemanden auszuschließen, nur weil er kleiner war oder anders aussah.[2]
Am späten Nachmittag wurden die meisten Kinder abgeholt. Nur Tim war noch da und natürlich Firlefanz, dessen Zuhause ja der Kindergarten war. Tim hatte noch einige Äste gefunden und wollte damit das Tipi verstärken. Gerade legte er einen dicken Stock an eine Seite des Tipis. Doch dieser war so schwer, dass das Zelt zu wackeln begann und plötzlich stürzte es in sich zusammen. Erschrocken betrachtete Tim den Haufen an Ästen, der vor ihm lag. „Oh nein, wir hatten uns so viel Mühe gegeben.

Und jetzt ist alles kaputt. Die Jungs werden sicher wütend auf mich sein, wenn sie morgen kommen und sehen, was ich angerichtet habe", jammerte Tim, „aber ich schaffe es bestimmt nicht mehr, das Tipi wiederaufzubauen, bis ich abgeholt werde." Firlefanz hatte sich Tim unbemerkt genähert und räusperte sich zaghaft. „Wenn du willst, kann ich dir dabei helfen, das Tipi wiederaufzustellen. Zusammen können wir es schaffen und morgen wird keiner erfahren, was passiert ist." Tim schaute den kleinen Kobold misstrauisch an. Er war heute wirklich gemein zu ihm gewesen und trotzdem bot er ihm seine Hilfe an. Unsicher fragte er: „Willst du mir wirklich helfen?" „Klarifari, zusammen schaffen wir das." Tim lächelte den Kobold dankbar an und gemeinsam begannen sie, die Hölzer vorsichtig aneinanderzustapeln. Firlefanz half kräftig mit und bewies, dass er trotz seiner Größe richtig zupacken konnte. Schließlich hatten sie das Tipi wieder komplett aufgebaut. „Danke für deine Hilfe, Firlefanz", sagte Tim, „ohne dich hätte ich es nicht geschafft. Du bist wirklich nett." „Gern geschehen", antwortete Firlefanz. „Aber warum warst du denn bisher so gemein zu mir?" „Hmm, also…", stammelte Tim. „Ich hatte ja nie viel mit dir zu tun. Und du bist so anders als wir. Und ehrlich gesagt, warst du mir auch ein bisschen unheimlich." Firlefanz konnte nun verstehen, warum Tim so abweisend zu ihm war. Man traf ja auch nicht jeden Tag einen Kobold und dass man da erst mal etwas zurückhaltend ist, konnte er sogar verstehen. „Ich hoffe du weißt nun, dass ich ganz harmlos bin", sagte Firlefanz. Tim nickte: „Das bist du.
Tut mir leid, dass ich dich ausgeschlossen habe. Morgen darfst du gerne mit uns zusammen Indianer spielen." „Obwohl ich grüne Haare habe?", hakte Firlefanz nach. „Na klar", sagte Tim. „Wir nennen dich dann einfach Indianer Grünschopf." Die beiden kicherten und machten es sich im Tipi gemütlich. Firlefanz zückte sein goldenes Büchlein und schrieb:[3]

„Egal ob groß oder noch klein,
alle können Freunde sein.
Ist jemand unbekannt und fremd,
ist man manchmal sehr gehemmt.
Doch mit etwas Mut,
wird schließlich alles gut.
Mit Freunden kann man vieles machen,
spielen, singen, tanzen, lachen.
Und schafft man etwas nicht allein,
kann ein Freund die Rettung sein.
Denn zusammen, das ist wahr,
klappt vieles einfach wunderbar."

[1] Fragen Sie die Kinder, warum Tim und die anderen Jungs Firlefanz nicht mitbauen lassen wollten, und lassen Sie die Kinder erzählen, wie sie dieses Verhalten finden.

[2] Fragen Sie die Kinder, aus welchem Grund Firlefanz dieses Mal ausgeschlossen wurde und wie sich der Kobold nun damit fühlt.

[3] Lassen Sie die Reimwörter von den Kindern ergänzen.

Lied: Kinder unserer Welt

Melodie: trad. (Go, tell it on the mountain), Text: Sabine Gottschalk

2. Auf unsrer großen Erde,
da gibt es arm und reich.
Reichen wir uns die Hände,
sind alle Menschen gleich.

Refrain:
Lasst uns zusammen singen!
Für jedes Kind auf dieser Welt
erstrahlt der sanfte Mondschein
am großen Himmelszelt.

3. Auf unsrer großen Erde
ist niemand gern allein.
Reichen wir uns die Hände,
können wir Freunde sein.

Refrain:
Lasst uns zusammen singen!
Für jedes Kind auf dieser Welt
erstrahlt ein kleines Sternchen
am großen Himmelszelt.

SPIELE UND ÜBUNGEN ZUM THEMA GEMEINSCHAFT

Ecken-Spiel

So geht es

Die Kinder sammeln sich in der Mitte des Raumes. Ordnen Sie den Ecken nun verschiedene Aussagen zu. Jedes Kind, auf das die Aussage zutrifft, stellt sich in die entsprechende Ecke. Die Kinder sortieren sich nach verschiedenen Merkmalen, lernen sich besser kennen und entdecken Gemeinsamkeiten mit anderen Kindern.
Sie können die Kinder z. B. nach folgenden Kriterien „sortieren":

- äußerliche Merkmale, Haarfarbe, Frisur, Kleidung, Brille etc.
- Alter, Junge/Mädchen, Geschwister-/Einzelkind, Haustier etc.
- Fähigkeiten, wie Fahrrad fahren, schwimmen, Namen schreiben etc.
- Vorlieben, wie singen, Spielvorlieben, Essensvorlieben, Lieblingsfarbe etc.

Wandernder Reifen

Material

ein Gymnastikreifen

So geht es

Die Kinder stellen sich in einen Kreis und reichen sich die Hände. Ein Gymnastikreifen wird über den Arm eines Kindes gehängt, dieses fasst mit dieser Hand die Hand des Kindes neben sich. Die Aufgabe der Kinder ist es nun, den Reifen einmal im Kreis wandern zu lassen, ohne dabei ihre Hände loszulassen. Dabei steigt das erste Kind durch den Reifen, dann folgt das nächste Kind usw.

Bleistift-Balance

Material

pro Kinderpaar ein (nicht angespitzter) Bleistift

So geht es

Die Kinder gehen zu zweit zusammen. Jedes Paar erhält einen Bleistift, der gemeinsam zwischen den Zeigefingern balanciert werden muss.
Die Kinder bewegen sich (zu ruhiger Musik) durch den Raum, wobei die Bleistifte nicht herunterfallen dürfen.
Nennen Sie einige Bewegungsaufgaben, die die Kinder während des Balancierens des Bleistifts ausführen sollen, z. B. auf der Stelle laufen, rückwärtslaufen, die Arme hochheben, in die Hocke gehen, im Kreis gehen.
Am Ende lassen die Kinder auf ein Kommando alle gleichzeitig ihren Bleistift auf den Boden fallen.

FINGERSPIEL: „FREUNDE"

Es war einmal ein dicker Mann,
seht ihn euch doch einmal an.
Er war nicht gern allein,
drum lud er viele Gäste ein.
(Daumen der linken Hand zeigen)

Ein kleines Männlein kam heran
und sprach den dicken Mann gleich an.
„Hallo, wollen wir Freunde sein?
Dann bist du nicht mehr so allein."
(kleinen Finger der rechten Hand zeigen)

„Du bist viel kleiner noch als ich,
tut mir leid, das mag ich nicht."

Kam einer, der war schlank und schön,
ein Ringlein war an ihm zu sehen.
„Hallo, wollen wir Freunde sein?
Dann bist du nicht mehr so allein."
(Ringfinger der rechten Hand zeigen)

„Du bist viel schöner noch als ich,
tut mir leid, das mag ich nicht."

Kam einer, der war groß und lang,
da wurd dem dicken Mann ganz bang.
„Hallo, wollen wir Freunde sein?
Dann bist du nicht mehr so allein."
(Mittelfinger der rechten Hand zeigen)

„Du bist viel größer noch als ich,
tut mir leid, das mag ich nicht."

Kam einer, der war noch nicht da,
doch wirkte er sehr sonderbar.
„Hallo, wollen wir Freunde sein?
Dann bist du nicht so allein."
(Zeigefinger der rechten Hand zeigen)

„Du siehst ganz anders aus als ich,
tut mir leid, das mag ich nicht."

Kam einer, es ist kaum zu glauben,
schaut dem Dicken in die Augen.
(Daumen der rechten Hand zeigen)

Sah ganz genauso aus wie er,
da freute sich der Dicke sehr.
„Hallo, wollen wir Freunde sein?
Dann bin ich nicht mehr so allein."

„Dicker Mann, hör mir gut zu,
ein Freund kann anders sein als du.
Ich habe Freunde, sogar vier,
pass nur auf, ich zeig sie dir.
(vier Finger der rechten Hand zeigen)

Sie sehen zwar alle anders aus,
doch da mach ich mir nichts draus.
Egal ob groß oder ganz klein,
wir alle wollen zusammen sein.
Gemeinsam können wir viel schaffen,
essen, malen oder lachen.
(mit der rechten Hand darstellen)

Denk in Zukunft doch daran,
dass jedermann ein Freund sein kann."

„Ich war dumm, das muss ich sagen,
möchte auch gern Freunde haben.
Alle sollen willkommen sein,
ich lade jeden zu mir ein.
Eins und zwei und drei und vier,
meine Freunde seid nun ihr."
(vier Finger der linken Hand zeigen)

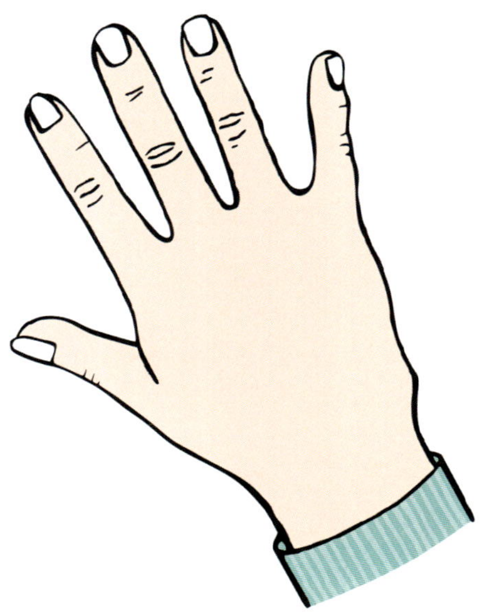

UNTERWEGS IN DER WELT

NAME, ALTER UND ADRESSE KENNEN

GESCHICHTE: ICH BIN FIRLEFANZ

Am nächsten Tag stand im Kindergarten ein großes Fest an, denn Amelie feierte ihren 5. Geburtstag. Firlefanz und die Kinder sangen für das Mädchen gemeinsam ein Geburtstagslied, gratulierten ihr und Amelie durfte sich ihr Lieblingsspiel wünschen und sich ein Geschenk aus der Geburtstagskiste aussuchen. Am Ende der Feier saß sie gemeinsam mit ihren Freunden am Tisch und alle ließen sich den mitgebrachten Schokoladenkuchen, den Amelies Mutter gebacken hatte, schmecken. „Du, Firlefanz, weißt du eigentlich gar nicht, wie alt du bist?", fragte Amelie den kleinen Kobold, der gerade die letzten Schokokrümel verputzte und froh war, dass heute ausnahmsweise mal mit den Fingern gegessen werden durfte. „Natürlich weiß ich das, ich bin schon viele Jahre alt", antwortete Firlefanz. „Ja, aber ich meine, wie alt bist du genau? Und wann ist denn dein Geburtstag?", hakte Amelie nach. „Hm", überlegte Firlefanz. „Ich weiß nicht, wann mein Geburtstag ist, auf einmal war ich einfach da. Und das ist schon soo lange her. Ist doch auch egal."
„Also, es ist schon wichtig, dass man weiß, wie man heißt, wie alt man ist, wann man Geburtstag hat und auch wo man wohnt", mischte sich Theo ein. „Ich heiße zum Beispiel Theo Schneider, ich bin sechs Jahre alt und habe am 9. Juni Geburtstag. Und ich wohne in der Feldstraße Nummer 14 in Altstadt."[1]
„So viele Informationen", stöhnte Firlefanz und versuchte, diese ganzen Dinge über sich selbst zusammenzutragen: „Also, ich heiße Firlefanz, ich bin viele Jahre alt und habe irgendwann Geburtstag. Und ich wohne im Kindergarten." „Na gut, das ist doch schon mal ein Anfang", sagte Theo großzügig.
„Einen Nachnamen hast du nicht?", fragte Felix.
„Nachnamen?" Firlefanz schüttelte verständnislos den Kopf. „Ja, jeder Mensch hat einen Vor- und einen Nachnamen. Ich heiße mit Vornamen Felix und mit Nachnamen Schuhmann. Und meine Mama, mein Papa und meine Schwester heißen auch alle mit Nachnamen Schuhmann, das ist unser Familienname." „Okidoki, aber ich habe bisher keinen Nachnamen. Vielleicht können wir einfach meinen Indianernamen nehmen", schlug Firlefanz vor und erinnerte sich daran, wie ihn Tim einmal Indianer Grünschopf genannt hatte. „Firlefanz Grünschopf, das ist super", stellte Theo fest. „Nur wie alt du bist, wissen wir nicht, also bleiben wir einfach dabei: Du bist viele Jahre alt, das ist schon okay." „Aber es wäre schon schön, wenn du auch einen Geburtstag hättest, oder?", warf Amelie ein. „Denn eine Geburtstagsfeier macht richtig viel Spaß." „Klarifari, ich will auch einen Geburtstag haben", forderte Firlefanz eifrig. „Was hältst du davon, wenn wir einfach den Tag, an dem du dich für uns sichtbar gemacht hast, als deinen Geburtstag nehmen? Das war der 1. April", schlug Theo vor. Firlefanz war begeistert von der Idee und notierte sich das Geburtsdatum in seinem goldenen Büchlein.
„So und jetzt noch deine Adresse", sagte Felix und blickte in die großen, fragenden Augen des Kobolds. „Deine Adresse, das ist die Straße und die Stadt, in der du wohnst, also wo dein Zuhause ist." „Mein Zuhause ist der Kindergarten", sagte Firlefanz und Theo wusste auch gleich die Adresse. „Unser Kindergarten ist in der Sterngasse 1 in Altstadt." Firlefanz vermerkte die Anschrift gleich in seinem Buch. „Jetzt weiß ich Bescheid", sagte Firlefanz und wiederholte stolz die Informationen über sich. „Ich heiße Firlefanz Grünschopf, ich bin viele Jahre alt und habe am 1. April Geburtstag. Und ich wohne in der Sterngasse 1 in Altstadt."
Die Kinder klatschten begeistert in die Hände und auch Firlefanz war zufrieden und konnte es schon jetzt kaum erwarten, im nächsten Jahr zum ersten Mal seinen Geburtstag im Kindergarten zu feiern. Aber bis dahin war es noch lange hin und Firlefanz hatte das Gefühl, dass es an der Zeit war, bald mal eine Pause zu machen und wieder für eine Weile unsichtbar zu werden. Dieses Menschenleben war für einen Kobold doch ziemlich anstrengend. Aber spätestens an seinem Geburtstag würde er wiederkommen, denn er fühlte sich hier bei seinen Freunden sehr wohl und er beschloss, die nächsten Tage mit ihnen zusammen noch in vollen Zügen zu genießen.

[1] Fragen Sie die Gruppe, wer schon all diese Informationen über sich weiß und lassen Sie ein oder mehrere Kinder diese aufzählen.

SPIELE UND ÜBUNGEN RUND UM DIE KENNTNISSE DER EIGENEN PERSON

Morgenkreis

Der Morgenkreis bietet eine gute Gelegenheit, den Kindern verschiedene Aufgaben oder Fragen zu stellen und wichtige Informationen und Inhalte (rund um ihre Person) zu erlernen und zu wiederholen. Gehen Sie täglich am Morgen die Anwesenheitsliste durch und rufen Sie dazu jedes Kind der Reihe nach auf. Das Kind, das aufgerufen wurde, muss eine Frage beantworten oder eine kleine Aufgabe erfüllen. Jeden Morgen gibt es eine andere Aufgabe, jedoch werden die Aufgaben in regelmäßigen Abständen wiederholt. Halten Sie zusätzlich zur Anwesenheitsliste eine Eltern-, Adress- und Geburtstagsliste bereit, sodass Sie den Kindern helfen können, wenn diese die Antwort noch nicht wissen.

Folgende Dinge können Sie abfragen:

- Jedes Kind klatscht die Silben seines Vornamens.
- Jedes Kind nennt seinen Nachnamen.
- Jedes Kind nennt die Straße (und Hausnummer), in der es wohnt.
- Jedes Kind nennt seinen Geburtstag (Monat oder Tag und Monat).
- Jedes Kind sagt, wie alt es ist.
- Jedes Kind sagt, wie alt es ist und klatscht so oft in die Hände.
- Jedes Kind nennt die Vornamen seiner Eltern.
- Jedes Kind sagt, ob es Geschwister hat.
- Jedes Kind nennt seine Augenfarbe, Haarfarbe oder eine Farbe, die es an der Kleidung hat.
- Jedes Kind nennt sein Sternzeichen.
- Jedes Kind macht einen Hampelmann.
- Jedes Kind hüpft eine Runde auf einem Bein.

  usw.

Platztausch

Die Kinder sitzen im Stuhlkreis. Geben Sie eine Anweisung. Alle Kinder, die dieses Kriterium erfüllen, dürfen aufstehen und sich einen neuen Platz suchen.

Sie können z. B. folgende Sätze formulieren:
Den Platz tauschen jetzt …

- alle Kinder die drei/vier/fünf/sechs Jahre alt sind.
- alle Vorschulkinder (Mittelkinder, Kleinkinder)
- alle Mädchen/Jungen
- alle Kinder mit blonden/braunen/schwarzen/roten Haaren
- alle Kinder, die im Monat (…) Geburtstag haben
- alle Kinder, die eine Jeans (etwas Blaues, einen Reißverschluss etc. anhaben)
- alle Kinder, die einen Bruder/eine Schwester haben; die keine Geschwister haben
- alle Kinder, die ein Haustier, ein eigenes Zimmer/einen Garten …haben
- alle Kinder die schon ihren Namen schreiben können

  usw.

Sie können auch einen Stuhl weniger als Kinder in den Kreis stellen. Dann steht ein Kind in der Mitte. Dieses darf nun eine Aufgabe stellen und versucht, sich schnell auf einen freien Stuhl zu setzen, während die anderen Kinder aufstehen und Plätze tauschen.

LIED: ALTER UND GEBURTSTAG KENNEN

Melodie und Text: trad. (Und wer im Januar geboren ist)

Dieses traditionelle Lied spielen Kinder immer wieder gerne. Wichtig ist, dass Sie eine Liste mit den Geburtstagen vorliegen haben und den kleineren helfen können. Stellen Sie sich mit den Kindern in einem großen Kreis auf, jeweils in dem Monat, in dem das Kind Geburtstag hat, geht es in die Mitte. Es werden bei jedem Monat unterschiedlich viele Kinder in der Mitte stehen.

Bei „Der mache im Kreis einen tiefen Knicks" machen die Kinder einen tiefen Knicks und tanzen anschließend beim Refrain: Vielerorts wird es so gespielt, dass die Kinder sich dann unterhaken und im Kreise drehen, aber da dann bei einer ungeraden Zahl immer ein Kind alleine, ist, kann man auch von vornherein sich die Kinder einfach um sich selbst drehen lassen.

Lied: Klingeling, die Strassenbahn

Melodie: trad. (Zisch, zisch, zisch, die Eisenbahn), Text: Sabine Gottschalk

Bei diesem Lied spielt ein Kind die Straßenbahn und läuft im Kreis. Die anderen Kinder singen währenddessen. Am Ende des Liedes bleibt die Straßenbahn vor einem Kind stehen. Dieses sagt nun die Straße, in der es wohnt, und darf sich dann an die Straßenbahn anhängen (sich an den Schultern des Vordermannes festhalten). Nun fahren die Kinder zu zweit weiter und sammeln dann ein neues Kind ein.

Fahren ca. fünf Kinder mit, wird das Spiel beendet. In der nächsten Runde darf ein anderes Kind die Straßenbahn spielen.
In der letzten Runde wird die zweite Strophe gesungen. Danach steigen alle Kinder aus und setzen sich zurück auf ihren Platz.
(Halten Sie auch hier eine Adressliste bereit, um den Kindern ggf. ihre Straße zu nennen).

Klingeling, die Straßenbahn,
will dich bis nach Hause fahrn.
Wo wohnst du? Komm, sag es mir.
Dann halte ich direkt bei dir.

Klingeling, die Straßenbahn,
will jetzt nicht mehr weiterfahren.
Alle Kinder steigen aus
und laufen schnell zurück nach Haus.

TRANSFER IN DEN ALLTAG

Den eigenen Namen schreiben

Den eigenen Namen schreiben sollte zu den Fähigkeiten eines Vorschulkindes dazugehören. Mehr aber auch nicht! Lesen und schreiben lernen die Kinder in der Grundschule. Ein Training durch Eltern oder Erzieher ist diesbezüglich vorab weder ratsam noch sinnvoll.

Sollte sich ein Kind dennoch aus eigenem Antrieb für das Reich der Schriftsprache interessieren und mit Buchstaben und Wörtern experimentieren, dürfen Sie es dabei unterstützen, indem Sie auf Fragen des Kindes reagieren, wenn es z. B. fragt „Was steht da?" oder ein Wort vorscheiben, wenn es wissen will: „Wie schreibt man das?".

Geschriebenes der Kinder soll nicht verbessert oder korrigiert werden. Es ist noch nicht wichtig, ob die Buchstaben exakt und in der richtigen Schreibweise notiert werden oder ob die Rechtschreibung stimmt. Das alles lernen die Kinder in der Schule. Die einzigen Hinweise, die Sie hier geben können, damit sich das Kind später nicht ganz umgewöhnen muss, ist die Schreibrichtung von links nach rechts.

Wichtig ist, dass Lesen oder Schreiben vor der Schule vom eigenen Antrieb des Kindes ausgehen. Sie müssen es nicht bremsen, es aber auch nicht zusätzlich fördern.

Der beste Rahmen, um diese Fähigkeiten zu erlernen, ist und bleibt die Grundschule, in der Kinder von Anfang an pädagogisch korrekt durch geschultes Personal an den Schriftspracherwerb herangeführt, unterstützt und begleitet werden.

Vertrautheit mit dem Schriftbild schaffen

Der Name des Kindes soll im Kindergarten immer wieder in seiner schriftlichen Form auftauchen. Versehen Sie den Garderobenplatz, die Eigentumsschublade, das Handtuch, den Geburtstagskalender oder das Portfolio der Kinder neben einem Foto oder Symbol immer auch mit dem geschriebenen Namen des Kindes. So wird den Kindern die Schrift im Alltag immer wieder vor Augen geführt und die Kinder lernen so, das Schriftbild ihres Namens kennen und beginnen oft von selbst damit, diesen abzuschreiben. Nützlich für die Beschriftung ist ein Etikettiergerät, mit dem Sie den Namen schnell und einfach auf eine kleine Folie drucken können.

Schreibvorbereitungsübungen

Das Schreiben des eigenen Namens soll Kindern erst beigebracht werden, wenn ihre feinmotorischen Fähigkeiten hierfür vorhanden sind. Eine gute Feinmotorik der Hand ist wichtig für das Malen und Schreibenlernen.

- Das feinmotorische Geschick der Kinder lässt sich leicht trainieren, indem Sie es bei alltäglichen Aufgaben beteiligen, z. B. eine Karotte schälen, eine Gurke in Scheiben schneiden, ein Butterbrot schmieren oder den Kuchenteig kneten.
- Mithilfe eines Prickel-Sets können die Kinder die richtige Stifthaltung und ihre Feinmotorik trainieren und verbessern.
- Im freien Spiel darf ein Maltisch mit freiem Zugang zu Papier und Stiften natürlich in keiner Kita fehlen. Hier können die Kinder selbst ihre Kreativität ausüben, malen, schreiben und im Umgang mit Papier und Stift sicherer werden. Idealerweise sollten Kinder auch zu Hause einen eigenen Kreativbereich mit unterschiedlichen Papieren, Stiften, Schere, Kleber, etc. haben, sodass sie jederzeit nach Lust und Laune basteln, malen und mit Schrift experimentieren können. Beim freien Gestalten trainieren die Kinder ihre feinmotorischen Fähigkeiten ganz von selbst.

Spiele zum Namenschreiben

Buchstabenspiele

Meist bringen sich die Kinder das Schreiben des eigenen Namens selbst bei, wenn Sie Interesse daran haben. Manchmal, spätestens in Richtung Einschulung, kann aber etwas Unterstützung notwendig sein. Um Kinder mit den Buchstaben des eigenen Namens und deren Reihenfolge vertraut zu machen, können einige, kleinere Übungen helfen.

- Lassen Sie die Kinder den eigenen Namen mit Buchstaben aus der Buchstabensuppe oder aus Russisch Brot zusammensetzen.
- Lassen Sie die Kinder ihren Namen aus Knetmasse oder Plätzchenteig formen und in der richtigen Reihenfolge anordnen.
- Bringen Sie Magnetbuchstaben am Kühlschrank oder einer Magnettafel an, mit denen die Kinder ihren Namen gestalten können.
- Schneiden Sie aus Zeitungen Überschriften mit vielen Großbuchstaben aus. Aus diesem können sich die Kinder dann die Buchstaben für ihren Namen zusammensuchen, ausschneiden und in der richtigen Reihenfolge aufkleben.
- Lassen Sie die Kinder aus fertigen Buchstaben, z. B. aus Moosgummi, ein Namensschild gestalten.
- Eine Spielkiste mit Holzbuchstaben oder ein Buchstaben-Stempelset regen die Kinder zum Gestalten des eigenen Namens an.
- Im Morgenkreis legen Sie einen Haufen Buchstaben, z. B. Magnetbuchstaben (oder auch Buchstaben aus Russisch Brot, die die Kinder im Anschluss essen können), in die Kreismitte. Beim Durchgehen der Anwesenheitsliste sucht sich das aufgerufene Kind den Anfangsbuchstaben seines Namens aus dem Haufen und benennt diesen. Wenn die jüngeren Kinder ihren Anfangsbuchstaben noch nicht kennen, kann ein älteres Kind behilflich sein. Das Kind legt seinen Buchstaben zurück in den Haufen und das nächste Kind wird aufgerufen, bis alle Kinder an der Reihe waren.

Übungsblätter anfertigen

Fertigen Sie für jedes Kind am PC (oder handschriftlich) ein Übungsblatt an, mit dem es das Schreiben des eigenen Namens trainieren kann. Der Name sollte darauf einmal in gut lesbaren Großbuchstaben vorgeschrieben sein. Schreiben Sie den Namen in gleich große Kästchen, um den Kindern ein Gefühl für die richtige Größe und gleichmäßige Abstände zu vermitteln. Die Kinder können den Namen zuerst mit den Fingern und dann mit mehreren Buntstiften nachfahren. Anschließend schreiben sie den Namen in die unten stehenden, leeren Felder. Beherrschen sie diesen Schritt sicher, können Sie den oberen, beschrifteten Teil des Blattes nach hinten umknicken und das Kind auffordern, den Namen nun frei zu schreiben. Machen Sie mehrere Kopien des Übungsblattes. So können Sie es dem Kind immer wieder, auch während der Freispielzeit, zum Üben geben, bis es den Namen schließlich allein und ohne Vorlage schreiben kann.

Kann das Kind seinen Namen selbst schreiben, fordern Sie diese Fähigkeit im Alltag immer wieder ein, indem Sie die Kinder z. B. ihre gemalten Bilder, Arbeitsblätter, Bastelarbeiten, Einladungen an die Eltern oder Portfolioseiten selbst mit dem Namen beschriften lassen.
Können die Kinder ihren Namen noch nicht schreiben, lassen Sie die Kinder dabei zusehen, wie Sie die Dinge mit ihren Namen beschriften. So gewöhnen sich die Kinder an ihren Namen und lernen, diesen zu erkennen. Schreiben Sie stets große und gut lesbare Druckbuchstaben.

LIEBE ELTERN,

spätestens bei der Einschulung soll Ihr Kind in der Lage sein, seinen eigenen Vornamen zu schreiben. Um diesen Lernschritt sinnvoll zu begleiten und die Neugier Ihres Kindes für die Welt der Schriftsprache zu wecken, möchten wir Ihnen in diesem Elternbrief einige Tipps an die Hand geben.

Vorlesen

Das Vorlesen von Bilderbüchern, Geschichten oder Sachbüchern fördert bei Kindern das Interesse an Sprache und Schrift schon im Vorschulalter. Durch regelmäßiges Vorlesen erstellt Ihr Kind einen Bezug zum Thema Schrift, lernt, Text und Bild miteinander zu verbinden, und kommt früher oder später zu der Erkenntnis, dass es sich lohnt, Lesen zu lernen. Beim Vorlesen für Vorschulkinder können Sie mit dem Finger zeigen, welches Wort Sie gerade lesen. So gewöhnt sich Ihr Kind beim Betrachten an die Lese- und Schreibrichtung. Achten Sie bei der Buchauswahl auf einen für Ihr Kind angemessenen, spannenden und interessanten Inhalt und eine kindgerechte Gestaltung und Länge der Geschichten, sodass es nicht gelangweilt oder überfordert wird.
Am wichtigsten ist, dass das Vorlesen für die Kinder ein angenehmes, freudvolles Erlebnis ist, sodass ein positiver Bezug zu Büchern und Schrift entsteht und die Freude am Lesenlernen geweckt wird.

Interesse an Buchstaben und Schrift wecken

Sie können das Interesse Ihres Kindes an Buchstaben und Schrift fördern, indem Sie ihm zeigen, wie Sie schreiben, wenn Sie z. B. einen Briefumschlag beschriften oder einen Einkaufszettel schreiben.
Im Alltag können Sie Ihr Kind dazu anregen, auf die Schrift in der Umwelt zu achten, indem Sie zum Beispiel auf Schilder zeigen und vorlesen, was darauf steht. Die Aufmerksamkeit Ihres Kindes auf das Schriftbild zu lenken, lässt es eine Verbindung von Schrift und Inhalt herstellen und das Interesse an geschriebenen Wörtern wachsen.

Vorbereitung auf das Schreiben des eigenen Namens

Beim Umgang mit dem Stift ist von Anfang an auf die korrekte Stifthaltung (Drei-Punkt-Griff) zu achten. Für kleine Hände sind dicke, dreieckige Buntstifte am besten geeignet. Bringen Sie auch mal Abwechslung in das kreative Malen, indem Sie Ihrem Kind Wachsmalkreiden, Tafelkreiden oder Wasserfarben anbieten. Anstatt Ihr Kind verfrüht zum Schreiben von Buchstaben zu animieren, soll die Feinmotorik lieber durch abwechslungsreiche Schwungübungen trainiert werden, die Ihr Kind zu flüssigen, unverkrampften Bewegungen hinführen. Hierfür gibt es im Buchhandel zahlreiche Übungshefte für alle Altersstufen und Geschmäcker.

Den eigenen Namen schreiben

Lassen Sie Ihr Kind die Buchstaben seines Namens zunächst mit dem Finger und anschließend mit farbigen Buntstiften nachfahren. Wie das Kind den Buchstaben schreibt, also ob es z. B. beim „T" erst den waagerechten und dann den senkrechten Strich schreibt, ist in diesem Anfangsstadium noch unerheblich. Nennen Sie Ihrem Kind Buchstaben, gilt immer die Regel, den Buchstabenlaut und nicht den Buchstabennamen zu nennen, also z. B. „t" anstatt „te".
Wichtig ist, dass Sie Ihr Kind nie drängen, überfordern oder durch stures Üben langweilen. Es soll keinesfalls die Lust am Schreiben verlieren.
Sie können das Schreiben des eigenen Namens im Alltag immer wieder auf abwechslungsreiche Weise einbringen: Gestalten Sie mit Ihrem Kind ein Namensschild für sein Zimmer.
Lassen Sie Ihr Kind die Matschhose, den Kindergartenrucksack oder die Brotdose selbst mit seinem Namen beschriften. (Können die Kinder ihren Namen noch nicht schreiben, beschriften Sie die Dinge bitte selbst mit großen, gut lesbaren Druckbuchstaben. Dies hilft den Kindern, ihren Namen zu erkennen und sich an dessen Schriftbild zu gewöhnen).
Lassen Sie Postkarten oder Briefe an Verwandte oder Freunde, Einladungskarten zum Geburtstag oder Freundebücher von Ihrem Kind selbst unterschreiben.

VERKEHRSREGELN

GESCHICHTE: FIRLEFANZ LERNT DIE VERKEHRSREGELN

Heute stand Firlefanz ein neues Abenteuer bevor, denn die Kinder wollten einen Ausflug zum nahe gelegenen Spielplatz machen. Firlefanz hatte den Kindergarten bisher noch nie verlassen, immerhin war er ein Hauskobold, dessen Aufgabe es war, sein Heim zu hüten. Von daher war er mächtig aufgeregt und überaus neugierig, was ihn draußen erwarten würde.
„Wann gehen wir denn endlich los?“, fragte Firlefanz nun schon zum bestimmt zehnten Mal. Nachdem alle Kinder gefrühstückt hatten, war es endlich so weit. Die Kinder zogen ihre Schuhe an und stellten sich im Garten in Zweierreihen auf.
„Theo, du läufst mit Firlefanz“, ordnete Linda an, „pass bitte gut auf ihn auf, er kennt sich ja außerhalb des Kindergartens noch nicht aus. Und du benimmst dich, Firlefanz! Im Straßenverkehr ist besondere Vorsicht geboten, denn eine kleine Unachtsamkeit kann sehr gefährlich werden.“
Nun war Firlefanz noch aufgeregter. Als die Gruppe loslief, winkelte der Kobold seine Arme an und marschierte wie ein kleiner Soldat neben Theo her. Dabei murmelte er immer wieder vor sich hin: „Straßenverkehr bedeutet Gefahr. Ich laufe ordentlich. Links, zwo, drei, vier. Links, zwo, drei, vier!“
Theo kicherte: „Entspann dich, Firlefanz, du kannst ganz normal laufen.“ „Hehe, klarifari“, kicherte der kleine Kobold und entspannte sich etwas.
Vor einer breiten Straße blieb die Gruppe stehen. „Was müssen wir machen, bevor wir die Straße

überqueren?", wollte Linda von den Kindern wissen.[1] „Wir schauen, ob alles frei ist und kein Auto kommt. Dazu schauen wir erst nach links, dann nach rechts und dann noch mal nach links", erklärte Amelie, „wenn kein Auto kommt, gehen wir zügig über die Straße."
Firlefanz hörte gut zu und schaute hektisch in beide Richtungen. „Alles frei, los geht's", drängelte der Kobold ungeduldig und zog Theo hinter sich her.
„Bleib cool", beruhigte Theo seinen Freund, „wir gehen zwar zügig über die Straße, aber ohne zu rennen oder zu drängeln. Sonst stolperst du noch und fällst auf die Straße. Und wenn dann ein Auto kommt ..." „Dann bin ich platt wie ein grüner Spinatpfannkuchen", ergänzte Firlefanz.
„Das könnte sein", lachte Theo.
An der nächsten Straße machte der kleine Kobold eine interessante Entdeckung. „Warum leuchtet das rote Licht dort? Rot bedeutet oft Gefahr. Hilfe, gleich passiert etwas Schreckliches."[2]
„Aber nein", sagte Lotti, die hinter Firlefanz lief, „das ist eine Fußgängerampel. Sie hilft uns, die Straße sicher zu überqueren. Wenn sie rot leuchtet, heißt das, wir müssen stehen bleiben. Wenn sie grün leuchtet, müssen die Autos stehen bleiben und wir können über die Straße gehen." „Bei Rot bleib stehen, bei Grün darfst du gehen", reimte Theo. Dieser Satz gefiel Firlefanz sofort, doch nun war keine Zeit dafür, ihn in sein Büchlein hineinzuschreiben. Er starrte gespannt auf die Ampel und als sie schließlich grün aufleuchtete, drängelte er vorwärts.
„Warte. Auch wenn die Ampel grün ist, müssen wir noch mal in beide Richtungen schauen, ob die Autos wirklich stehen bleiben, denn manche Autofahrer geben nicht gut acht und fahren einfach weiter, auch wenn sie keine Vorfahrt haben." „So was Doofes", beschwerte sich Firlefanz, „okidoki, wie war das noch mal? Ich schau nach links, nach rechts, nach links und lauf los ohne Quatsch ..." Er überlegte kurz und fuhr dann fort „... denn wenn sonst ein Auto kommt, bin ich ein Haufen Matsch."
„Firlefanz, damit macht man keine Scherze", mischte sich Linda ein, „im Straßenverkehr sind schon schlimme Unfälle passiert. Wenn dich ein Auto anfährt, kann das wirklich ganz schnell lebensgefährlich sein." „Sag ich doch", murmelte Firlefanz.

Bevor die Kinder am Spielplatz ankamen, überquerten sie noch einen Zebrastreifen. Firlefanz erfuhr, dass dieser ein Zeichen für die Autofahrer war, um anzuhalten. Fußgänger hatten hier Vorfahrt. Trotzdem musste man sich auch hier vergewissern, ob die Autos wirklich stehen blieben, und vor dem Überqueren der Fahrbahn in beide Richtungen schauen. „Schau nach links, nach rechts, nach links und lauf los, ohne Quatsch ...", wiederholte Firlefanz laut und in Gedanken fügte er hinzu. „... denn wenn sonst ein Auto kommt, bist du ein Haufen Matsch."
Als die Kinder den Spielplatz erreicht hatten, schrieb Firlefanz den Ampelspruch

„Bei Rot bleibst du stehen,
bei Grün darfst du gehen."

und auch seinen Quatsch-Matsch-Spruch in sein Büchlein. Dann ging er mit den Kindern spielen.[3]

[1] Fragen Sie die Kinder, was zu tun ist, bevor eine Straße überquert wird.
[2] Fragen Sie die Kinder, was das rote Licht sein könnte und was es bedeutet.
[3] Wiederholen Sie mit den Kindern die Verkehrsregeln, die in der Geschichte vorkamen.

SPIELE UND ÜBUNGEN RUND UM DIE VERKEHRSREGELN

Aufwärmspiel: Achtung, Ampel!

Material

Ampel-Vorlage, Musik-CD, Abspielgerät

Vorbereitung

Kopieren Sie die Ampel-Vorlage 3-mal. Malen Sie auf jedem Blatt ein anderes Licht der Ampel farbig an, also auf dem ersten Blatt das obere Licht rot, auf dem zweiten Blatt das mittlere Licht gelb und auf dem dritten Blatt das untere Licht grün.

So geht es

Besprechen Sie mit den Kindern die Ampel. Was bedeuten die drei Farben? Erklären Sie den Kindern die dazugehörigen Bewegungsaufgaben.
Rot bedeutet: stehen bleiben
(die Kinder bleiben auf der Stelle stehen)
Gelb bedeutet: bereit machen
(die Kinder laufen/trippeln auf der Stelle)
Grün bedeutet: loslaufen
(die Kinder gehen durch den Raum)
Die Kinder bewegen sich zur Musik frei durch den Raum. Bei Musikstopp halten Sie eine Ampel nach oben. Die Kinder müssen die entsprechende Bewegungsaufgabe ausführen. Sobald die Musik wiedereinsetzt, dürfen sich die Kinder frei im Raum bewegen.

Variante

Hängen Sie die grüne und die rote Ampel auf entgegensetzte Seiten das Raums. Die Kinder stehen in der Mitte des Raumes nebeneinander. Lesen Sie den Kindern nun einen Satz vor. Die Kinder müssen entscheiden, ob die Aussage richtig oder falsch ist. Glauben sie, die Aussage ist richtig, rennen sie auf die Seite mit der grünen Ampel, glauben sie, die Aussage ist falsch, rennen sie auf die Seite mit der roten Ampel. Erklären Sie den Kindern kurz die richtige Antwort. Dann kommen alle Kinder zur Mitte zurück und Sie lesen den nächsten Satz vor.

Beispielsätze:

- Ich fahre mit meinem Laufrad auf dem Gehsteig. (richtig)
- Wenn ich die Straße überquere, laufe ich in Zickzacklinien. (falsch)
- Wenn ich mit dem Fahrrad auf der Straße fahre, brauche ich einen Helm. (richtig)
- Ich darf zu einer fremden Person ins Auto steigen. (falsch)
- An einem Stoppschild müssen Autofahrer immer anhalten. (richtig)
- Wenn ich die Straße überquere, lasse ich mir Zeit und laufe ganz langsam. (falsch)
- Motorradfahrer müssen keinen Helm aufsetzen. (falsch)
- Wenn die Fußgängerampel rot leuchtet, darf ich loslaufen. (falsch)
- Wenn ein Auto abbiegen will, muss es vorher blinken. (richtig)
- Wenn ich die Straße überqueren will, schaue ich vorher in beide Richtungen, ob ein Auto kommt. (richtig)
- Um Auto fahren zu dürfen, braucht man einen Führerschein. (richtig)
- Ich darf mit meinem Laufrad auf der Straße fahren. (falsch)
- Wenn die Fußgängerampel grün leuchtet, darf ich die Straße überqueren. (richtig)
- An einem Zebrastreifen darf ich die Straße überqueren, ohne auf die Autos zu achten. (falsch)
- Wenn mir ein Ball auf die Straße fällt, renne ich schnell hinterher. (falsch)

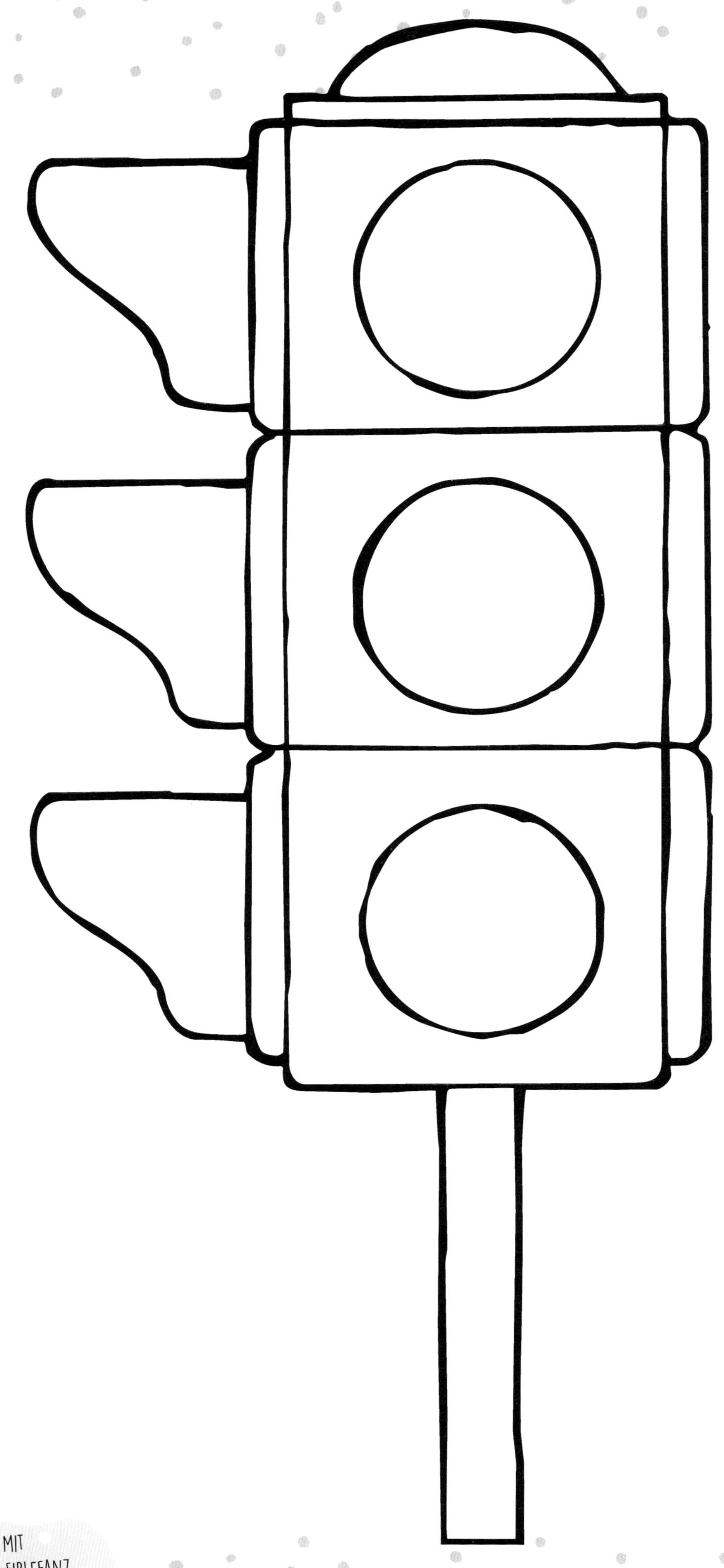

Verkehrsteilnehmer

Material

2–3 Laufräder, 2–3 Pferdeleinen (oder Seile), 2–3 Reifen, Kopiervorlage S. 106

Vorbereitung

Drucken Sie die Verkehrsschilder aus, vergrößern Sie diese evtl. am Kopierer auf DIN A3 und schneiden Sie die einzelnen Schilder auseinander, sodass Sie insgesamt acht Karten/Schilder haben.

So geht es

Teilen Sie die Kinder in vier Gruppen. Jede Gruppe stellt andere Verkehrsteilnehmer dar.
Fahrradfahrer (die Kinder mit den Laufrädern), Pferde und Reiter (die Kinder mit den Pferdeleinen), Autofahrer (die Kinder mit den Reifen; sie halten diesen symbolisch als Lenkrad vor den Körper) Fußgänger (kein zusätzliches Material notwendig).
Nun dürfen sich die Kinder frei in der Turnhalle bewegen. Dabei ist es ihre Aufgabe, gut auf die anderen Verkehrsteilnehmer zu achten, sodass sie diese nicht anrempeln und keine Unfälle passieren.
Wenn sich die Kinder sicher und unfallfrei fortbewegen, besprechen Sie mit den Kindern die Verkehrsschilder. Diese markieren Straßen und Wege, die für die unterschiedlichen Verkehrsteilnehmer zugelassen (blau) oder verboten (rot) sind.
Die Kinder suchen sich einen Platz im Raum. Halten Sie nun abwechselnd verschiedene Schilder hoch. Die Kinder reagieren auf die Schilder. Halten Sie z. B. das blaue Fahrradschild hoch, dürfen alle Kinder mit den Laufrädern losfahren. Die übrigen Verkehrsteilnehmer bleiben auf ihrem Platz stehen. Halten Sie das blaue Autoschild hoch, dürfen zusätzlich die Autos die Fahrt aufnehmen[1]. Halten Sie das rote Fahrradschild hoch, müssen die Fahrradfahrer stehen bleiben usw.
Beteiligen Sie alle Verkehrsteilnehmer abwechselnd am Geschehen, es können dabei auch immer mehrere Gruppen gleichzeitig unterwegs sein.
Wechseln Sie nach einiger Zeit die Gruppen, sodass jedes Kind jeden Verkehrsteilnehmer einmal spielen kann.

Variante 1

Bauen Sie eine Parcoursstrecke auf, die von den Kindern auch gut mit den Laufrädern bewältigt werden kann, sprich, bauen Sie nicht zu eng. Hierzu können Sie folgende Streckenabschnitte gestalten:

- Stellen Sie mehrere Hütchen zum Slalomlaufen/-fahren auf.
- Legen Sie aus Seilen eine schmale Gasse.
- Legen Sie aus Seilen eine wellenförmige Gasse.
- Legen Sie Turnmatten und Isomatten zum Darüberfahren/-gehen auf den Boden.

Variante 2

Fügen Sie weitere Verkehrsschilder hinzu. Auf der Kopiervorlage finden Sie zusätzlich die Schilder „Stopp", „Einbahnstraße", „Einfahrt verboten" und „Kreisverkehr", die den Kindern besonders viel Spaß machen, wenn sie dafür alle plötzlich stehen bleiben müssen oder sich in eine Richtung sortieren. Den Kreisverkehr können Sie gut in den Parcours einbauen.

[1] Ein blaues Verkehrsschild, das Autos die Fahrt erlaubt, gibt es in dem Sinne nicht. Wir haben Ihnen hier deswegen das blaue Schild „Kraftfahrstraße" abgebildet – da der Lerneffekt für die Kinder ja sein soll, dass Rot ein Verbot und Blau ein Gebot bedeutet und sie hier im Grunde noch nicht wirklich alle Verkehrszeichen lernen. Sie können dieses auch weglassen oder sich ein rundes mit einem Auto darauf basteln.

© stockphoto-graf – Shutterstock.com

© stockphoto-graf – Shutterstock.com

© stockphoto-graf – Shutterstock.com

© stockphoto-graf – Shutterstock.com

© stockphoto-graf – Shutterstock.com

© stockphoto-graf – Shutterstock.com

© stockphoto-graf – Shutterstock.com

© stockphoto-graf – Shutterstock.com

© stockphoto-graf – Shutterstock.com

© stockphoto-graf – Shutterstock.com

© stockphoto-graf – Shutterstock.com

© stockphoto-graf – Shutterstock.com

Rechts und Links

Material

ein hautverträglicher Stift, Schminkstift/-farbe oder Fingerfarbe in den Farben rot und grün

Vorbereitung

Malen Sie jedem Kind auf die rechte Hand einen roten Punkt oder ein rotes R und auf die linke Hand einen grünen Punkt oder ein grünes L.

So geht es

Erklären Sie den Kindern kurz die Begriffe rechts und links. An unserem Körper gibt es eine rechte und eine linke Seite, z. B. eine rechte Hand, einen rechten Arm, ein rechtes Bein, Auge, Ohr usw. (Lassen Sie die Kinder ein paar Körperteile zeigen.)
Auch im Straßenverkehr helfen uns die Begriffe weiter und weisen uns die Richtung. „An der nächsten Kreuzung rechts abbiegen." Bevor wir die Straße überqueren, schauen wir erst nach links, dann nach rechts und dann noch mal nach links (gemeinsam mit den Kindern einmal ausführen).
Die Kinder bewegen sich zur Musik frei im Raum. Bei Musikstopp nennen Sie eine Aufgabe, die von den Kindern ausgeführt werden soll, z. B.

- Zeige auf dein rechtes/linkes Bein, Knie, Ohr, Auge, auf deine rechte/linke Wange, Pobacke, Kniebeuge, Schulter usw.
- Berühre mit deinem/deiner rechten/linken Finger, Hand, Ellbogen, Fuß usw. die Wand/den Boden, etwas aus Holz, etwas Blaues, ein anderes Kind usw.
- Klatsche mit deiner rechten/linken Hand ein anderes Kind ab.
- Schaue nach links, nach rechts und noch mal nach links.
- Bleibt stehen. Streckt euren rechten/linken Arm seitlich aus. Geht in die Richtung, in die euer Arm zeigt, bis ihr die Wand erreicht.
- Dreht euch rechts-/linksherum im Kreis.
- Stellt euch in einen Kreis und legt in der Kreismitte alle die rechte/linke Hand aufeinander. Bei „3" fliegen alle Hände in die Luft. 1-2-3!

DIE LAUFRAD-PRÜFUNG

Eine beliebte und lehrreiche Aktion für die Kinder ist die Durchführung einer Prüfung zum Erhalt des Laufrad-Führerscheins, ähnlich wie der Fahrradführerschein in der Grundschule.
Die Laufrad-Prüfung besteht aus einem mündlichen, einem schriftlichen und einem praktischen Teil.
Sehr junge Kinder oder Kinder, die noch nicht gut Deutsch verstehen, können auch nur den praktischen Teil machen.

Mündliche Laufrad-Prüfung

Vorbereitung

Idealerweise haben Sie im Vorfeld schon mit den Kindern über das Thema Verkehr gesprochen oder die Geschichten von Firlefanz zum Thema Verkehr gelesen.

So geht es

Setzen Sie sich mit den Kindern in den Stuhlkreis. Entscheiden Sie selbst, ob Sie jedem Kind einzeln eine Frage stellen oder ob die Fragen von der Gruppe gemeinsam beantwortet werden können.

Fragen

- Was musst du aufsetzen, wenn du mit deinem Laufrad zum Kindergarten fährst? (Fahrradhelm)
- Darfst du über die Straße gehen, wenn die Fußgängerampel rot leuchtet? (nein)
- Was musst du machen, wenn du auf ein Stopp-Schild zufährst? (stehen bleiben)
- Welche Teile des Laufrads sind mit Luft gefüllt? (Reifen)
- Was musst du machen, bevor du eine Straße überquerst? (schauen)
- Darfst du mit deinem Laufrad auf der Straße fahren? (nein)
- Wie heißt der Teil des Laufrades, auf den du dich draufsetzt? (Sattel)
- Welche Farbe muss die Fußgängerampel haben, damit du über die Straße gehen darfst? (grün)
- Was müssen Autos machen, wenn sie auf eine rote Ampel zufahren? (anhalten)
- Was musst du machen, wenn die Reifen deines Laufrades platt sind? (aufpumpen)
- In welche Richtung schaust du, wenn du Laufrad fährst? (nach vorn)
- Was musst du machen, wenn ein anderes Kind vor dir den Weg überquert, damit ihr nicht zusammenstoßt? (bremsen)
- Brauchst du zum Laufradfahren eine Fahrkarte? (nein)

Schriftliche Laufrad-Prüfung

Vorbereitung

Besprechen Sie im Vorfeld mit den Kindern, wie die einzelnen Teile des Laufrads heißen (Reifen, Lenker, Sattel, Bremse, Klingel). Zeigen und besprechen Sie einige wichtige Verkehrsschilder (Ampel, Zebrasteifen, Stopp-Schild). Kopieren Sie für jedes Kind ein Prüfungsblatt

So geht es

Jedes Kind erhält ein Prüfungsblatt. Entscheiden Sie selbst, ob die Kinder einzeln sitzen oder nebeneinandersitzen dürfen. Evtl. kann es hilfreich sein, wenn die jüngeren Kinder bei den älteren Kindern ein bisschen abschauen können.
Lesen Sie die erste Aufgabe vor und warten Sie, bis alle Kinder diese erfüllt haben. Lesen Sie dann nach und nach die weiteren Aufgaben vor.
Wenn alle Kinder fertig sind, schreiben die Kinder (hilfsweise Sie selbst) ihren Namen auf das Blatt.
Überprüfen Sie, ob ein Kind einen Fehler gemacht hat. Sollte dies der Fall sein, überlegen Sie gemeinsam mit dem Kind, was die richtige Lösung sein könnte, und lassen das Kind korrigieren.
Ob die Prüfung mit einem, zwei oder drei Fehlern noch bestanden ist oder wiederholt werden muss, können Sie selbst entscheiden.

SCHRIFTLICHE LAUFRAD-PRÜFUNG

1. Male die Ampeln in der richtigen Farbe an!

2. Male das Laufrad aus.
Male die Räder schwarz an.
Male den Lenker rot an.
Male den Sattel braun an.
Male den Rest des Laufrads in einer Farbe deiner Wahl an.

3. Was musst du auf den Kopf setzen, wenn du mit dem Laufrad auf der Straße fährst? Kreise das richtige Bild ein.

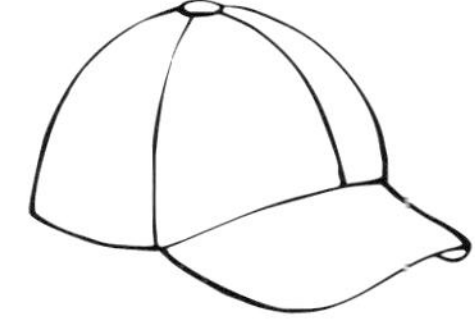

4. Welches Schild ist das Stopp-Schild? Male es in der richtigen Farbe an.

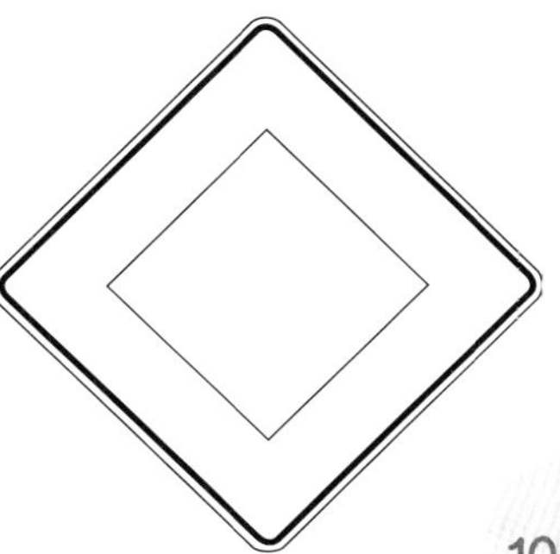

Praktische Laufrad-Prüfung: Laufrad-Parcours

Der Laufrad-Parcours bildet die praktische Prüfung zum Erwerb des Laufrad-Führerscheins.
Am Prüfungstag sollen die Kinder ihren Fahrradhelm von zu Hause mitbringen und beim Durchqueren des Parcours tragen. Meist sind die Kinder stolz, ihren Helm zu präsentieren, und die Prüfung gewinnt dadurch noch mal an Wichtigkeit.
(Beim freien Spiel im Garten wird vom Tragen eines Helmes beim Laufrad-, Roller- oder Fahrradfahren abgeraten, da das Strangulationsrisiko durch den Helm höher ist als das Unfallrisiko ohne Helm.
Bei der praktischen Laufrad-Prüfung unter Aufsicht besteht jedoch keine Gefahr durch das Tragen des Helmes).
In dem Parcours stellen die Kinder ihre Fähigkeiten mit dem Laufrad unter Beweis. Aufmerksamkeit, Wahrnehmung, Reaktionsvermögen, Motorik, Gleichgewicht und Koordination werden hierbei von den Kindern gefordert.
Der Parcours sollte so gestaltet sein, dass er für alle Kinder machbar ist. Es geht nicht um Schnelligkeit, sondern um Genauigkeit.

Vorbereitung

Für den Laufradparcours benötigen Sie eine große Außenfläche. Evtl. bietet sich Ihr Garten hierfür an oder Sie suchen eine nahe gelegene Freifläche in der Umgebung auf, z. B. einen Spiel- oder Sportplatz oder einen Garagen- oder Schulhof.
Für den Aufbau der Parcoursstrecke finden Sie hier Vorschläge für einzelne Stationen, die Sie frei wählen und kombinieren können.
Besorgen Sie im Vorfeld alle Materialien, fertigen Sie die Ampelkarten an (siehe Seite 104) und bauen Sie den Parcours auf.

Durchführung

Die Kinder dürfen vor der Prüfung natürlich üben und den Parcours mehrmals durchqueren. Erklären Sie den Kindern, was an den einzelnen Stationen zu tun ist.
Bei der eigentlichen Prüfung fährt jedes Kind einzeln einmal fehlerfrei durch den Parcours. Dabei dürfen keine Markierungspunkte und -linien berührt werden. Dies sollte für die Kinder machbar sein.
Passiert doch mal ein Fehler, können Sie dem Kind zwei weitere Versuche einräumen oder nur die Station wiederholen lassen. Im Enddefekt soll natürlich jedes Kind die Prüfung bestehen.
Am Ende erhält jedes Kind seinen Laufrad-Führerschein und ein Foto mit Laufrad, Helm und Führerschein für sein Portfolio oder als Erinnerung.
Zum Abschluss soll jedes Kind sein Laufrad und seinen Helm ordentlich am hierfür vorgesehenen Platz aufräumen.

Mögliche Stationen

Station: Start

Zeichnen Sie mit Straßenkreide eine Startlinie oder legen Sie ein Seil auf den Boden.
Zeigen Sie dem Kind bei Beginn die drei Ampelkarten. Erst die rote Ampel und dann die gelbe Ampel. Sobald Sie die grüne Ampel zeigen, darf das Kind losfahren.

Station: Durchfahrt zwischen zwei Hindernissen

Stellen Sie immer mal wieder zwei Hindernisse, z. B. zwei umgedrehte Eimer oder Hütchen, auf, zwischen denen die Kinder durchfahren können. Der Abstand kann von weit bis eng variieren.

Station: Bergauf, bergab

Gibt es auf dem Gelände eine Mulde oder einen kleinen Hügel, können Sie diese Gegebenheiten in die Strecke mit einbauen.

Station: Enge Gasse

Markieren Sie mit Straßenkreide oder Seilen eine enge Gasse, durch die die Kinder durchfahren können.

Station: Entlang der Linie

Malen Sie mit Straßenkreide eine gerade oder leicht geschwungene Linie auf den Boden. Die Kinder sollen mit dem Vorderreifen auf der Linie entlangfahren.

Station: Slalom fahren

Erstellen Sie mit Hütchen, Kegeln, Markierungstellern oder umgedrehten Eimern eine Slalomstrecke.

Station: Gefahrenstelle
Sie können eine Pfütze oder einen flachen Laubhaufen als Gefahrenstelle einbauen, die von den Kindern mit besonderer Vorsicht durchquert werden muss.

Station: Wippe
Ein besonderes Highlight der Strecke ist eine flache Wippe. Legen Sie über einen eckigen Holzbalken ein schmales, langes Brett und schrauben Sie dieses fest. Die Wippe sollte nur sehr flach sein, sodass sie auch von jüngeren Kindern überquert werden kann.

Station: Ziel
Zeichnen Sie mit Straßenkreide eine Ziellinie oder legen Sie ein Seil auf den Boden.

VORLAGE: LAUFRAD-FÜHRERSCHEIN

LAUFRAD-FÜHRERSCHEIN

Foto

....

(Name)

hat die mündliche, schriftliche und praktische Verkehrsprüfung bestanden.

Herzlichen Glückwunsch und viel Spaß beim Fahren.

TRANSFER IN DEN ALLTAG

Um den Kindern ein sicheres Verhalten im Verkehr beizubringen, erkunden Sie mit ihnen ihre Umgebung bei einem Spaziergang, bei dem es einmal ganz bewusst um das Thema Verkehr, Verkehrsschilder, Straßenüberquerung etc. geht. Machen Sie die Kinder dabei aktiv auf Verkehrsregeln, Zeichen und Gefahrenstellen aufmerksam:

- Erinnern Sie die Kinder vor dem Loslaufen an Verhaltensregeln, die grundsätzlich gelten und besonders unterwegs enorm wichtig sind, wie z. B. nicht drängeln, nicht schubsen, nicht schreien.
- Laufen Sie mit den Kindern immer auf Gehwegen und möglichst weit weg von der Straße (nicht auf der Bordsteinkante!). Ein älteres Kind sollte ein jüngeres Kind an die Hand nehmen. Das ältere Kind läuft immer an der Straßenseite.
- Kommt den Kindern auf einem Weg ein Fahrrad entgegen, laufen alle Kinder am rechten Wegrand weiter, sodass links Platz für den Fahrradfahrer ist.
- Kommt den Kindern ein Hund entgegen, weisen Sie die Kinder an, ruhig zu bleiben und am besten stehen zu bleiben. Die Kinder dürfen dem Hund nicht direkt in die Augen schauen und keinesfalls ihre Hand nach ihm ausstrecken oder versuchen, ihn zu streicheln. Selbst wenn die Besitzerin ein Streicheln erlaubt, sollten Sie Ihre Kindergartenkinder davon abhalten, da sich die Reaktion eines Hundes nie hundertprozentig vorhersehen lässt.
- Üben Sie mit den Kindern das richtige Überqueren der Straße. Zeigen Sie den Kindern, wo sich Zebrastreifen und Fußgängerampeln befinden, und wählen Sie stets diese Stellen zum Überqueren der Straße aus, auch wenn sie ein paar Meter weiter entfernt sind. Bei jeder Straßenüberquerung gilt: Bleiben Sie mit den Kindern am Straßenrand stehen und weisen Sie die Kinder an, in beide Richtungen der Straße zu schauen (erst nach links, dann rechts und dann noch einmal nach links) um sich zu vergewissern, dass kein Auto kommt. Ist die Straße frei, wird diese zügig, aber ohne zu rennen (Stolpergefahr), auf dem kürzesten, direkten Weg überquert. Erklären Sie den Kindern, dass sie sich nie darauf verlassen können, dass ein Auto sicher anhält, auch wenn sie als Fußgänger Vorfahrt haben. Vermeiden Sie es, die Straße dort zu überqueren, wo geparkte Autos stehen. Die Kinder können aufgrund ihrer Größe nicht über diese hinwegsehen und heranfahrende Autos auf der Straße nicht erkennen.
- Erklären Sie den Kindern die Funktion von Fußgängerampeln vor Ort. Schaltet die Ampel automatisch um oder muss ein Knopf gedrückt werden? Weisen Sie die Kinder darauf hin, auch bei grünem Licht nochmals die Straße zu überblicken, um sicherzustellen, dass die Autos anhalten.
- Verwenden Sie unterwegs immer wieder die Begriffe rechts, links und geradeaus und weisen Sie dabei in die Richtung. So entwickeln die Kinder ein Verständnis dafür, dass diese Wörter die Richtung weisen und bekommen ein Gespür für ihre eigene Lage und Orientierung. Um das Thema Rechts und Links gezielt zu trainieren, malen Sie den Kindern vorab einen roten Punkt oder ein rotes R auf die rechte Hand und einen grünen Punkt oder ein grünes L auf die linke Hand. Dann weisen Sie den Weg nur mit den Wörtern „rechts" und „links" (und „geradeaus") und die Kinder können mithilfe ihrer Markierungen den richtigen Weg selbst herausfinden.
- Schauen Sie unterwegs aktiv, wo sich Verkehrsschilder befinden, und erklären Sie den Kindern, was diese bedeuten. Die wichtigsten Schilder, die Kindergartenkinder kennen sollten, sind: Fußgängerüberweg, Rad- und Fußweg und Stoppschild. Das Stoppschild ist zwar im Verkehr überwiegend für die Autofahrer relevant, allerdings wird es im Alltag auch an anderen Stellen verwendet und signalisiert oft „Stopp! Achtung! Stehen bleiben! Kein Zutritt!"

Neben diesen Exkursionen, bei denen das Hauptthema der Verkehr ist, lassen sich die Fähigkeiten der Kinder natürlich auch bei normalen Spaziergängen und Ausflügen immer wieder trainieren. Nehmen Sie die Kinder mit zum Einkaufen, besuchen Sie einen nahe gelegenen Spielplatz, die Grundschule, die Eisdiele etc.

ÖFFENTLICHE VERKEHRSMITTEL

GESCHICHTE: FIRLEFANZ FÄHRT MIT DER STRAßENBAHN

Nachdem die Kinder sich auf dem Spielplatz ausgetobt hatten, stellten sich alle wieder in Zweierreihen auf.
„Zurück fahren wir mit der Straßenbahn", erklärte Linda, woraufhin die Kinder jubelten. Sie liebten es, mit der Straßenbahn zu fahren, und waren froh, den weiten Rückweg nicht auch noch laufen zu müssen.
Firlefanz hatte noch nie etwas von einer Straßenbahn gehört, deshalb gab Linda ihm eine kurze Erklärung: „Die Straßenbahn ist ein Verkehrsmittel, das auf Schienen fährt. Sie wird von einem Fahrer gesteuert und fährt in der Stadt von Haltestelle zu Haltestelle. Viele Menschen haben in ihr Platz und können sich so in der Stadt fortbewegen, ohne selbst fahren oder laufen zu müssen. Die Straßenbahn gehört zu den öffentlichen Verkehrsmitteln. Dazu gehören alle Fahrzeuge, bei denen jeder, der möchte, mitfahren kann, wie z. B. ein Bus, ein Zug, eine U-Bahn oder eben auch die Straßenbahn."
„Wer kann Firlefanz ein paar Regeln erklären, die be der Fahrt wichtig sind?", fragte Linda die Gruppe.[1]
„An der Haltestelle bleiben wir ruhig stehen und dürfen nicht drängeln oder schubsen", begann Theo.
„Wir gehen nicht zu nahe an die Gleise ran und bleiben immer hinter den Markierungslinien am Boden stehen", erklärte Amelie.
„Wir lassen zuerst die Leute aussteigen, bevor wir selbst einsteigen", fügte Jakob hinzu.
„Jeder setzt sich auf einen Sitzplatz und während der Fahrt stehen wir nicht auf", sagte Felix.
„Und wir stellen unsere Füße nicht auf den Sitz, sonst wird er ganz schmutzig", ergänzte Lotti.
Linda war begeistert, dass sich die Kinder so gut auskannten, und Firlefanz hatte sich zügig alle Regeln mitgeschrieben.
An der Haltestelle angekommen, stellten sich alle Kinder in ein kleines Wartehäuschen und achteten darauf, dass sie die gelbe Markierungslinie am Boden nicht übertraten. Linda kaufte eine Fahrkarte und kurz darauf fuhr die Straßenbahn ein. Die Türen öffneten sich und viele Leute drängten hinaus. Dann stiegen die Kinder zügig ein und jeder suchte sich einen Sitzplatz.

Firlefanz genoss die Fahrt, er schaute aus dem Fenster oder beobachtete neugierig die anderen Menschen in der Straßenbahn. Zu dieser Uhrzeit waren viele Leute unterwegs und in der Bahn waren alle Plätze besetzt.
An der nächsten Haltestelle stieg eine alte Frau ein. Sie stützte sich auf einen Gehstock und lief mit unsicheren, zittrigen Schritten durch den Gang. Linda stand von ihrem Platz auf und bot der alten Dame an, sich hinzusetzen. „Vielen Dank", sagte diese und ließ sich erleichtert auf dem Sitz nieder.
„Das ist auch eine unserer Regeln", erklärte Linda dem kleinen Kobold, der die Situation aufmerksam beobachtet hatte. „Wir bieten unseren Platz Menschen an, die ihn nötiger haben. Zum Beispiel alten oder verletzten Personen. Das hat auch etwas mit Höflichkeit und Anstand zu tun."
Diese Regel gefiel Firlefanz und er beschloss, auch aufzustehen, wenn jemand seinen Platz benötigte. Die nächste Haltestelle war allerdings schon die Endstation, an der die Kindergartengruppe ausstieg.
„Das war großartig", rief Firlefanz begeistert, als die Gruppe das letzte Stück zum Kindergarten zurücklief, „irgendwann will ich auch mal mit einem Bus fahren und mit einem Zug und mit einer O-Bahn."
„Es heißt U-Bahn, die Kurzform von Untergrundbahn", korrigierte Theo lachend. „Weil sie uuunter der Erde fährt", fügte er hinzu und betonte dabei das U übertrieben deutlich.

[1] Sammeln Sie mit den Kindern Regeln, die sie in Bezug auf die Benutzung von öffentlichen Verkehrsmitteln kennen.

Regeln rund um die öffentlichen Verkehrsmittel

Die meisten Kinder lieben es, mit öffentlichen Verkehrsmitteln zu fahren, ob Bus, U-Bahn, Straßenbahn oder Zug. Nutzen Sie diese bei Ausflügen. Besprechen Sie vorab immer mit den Kindern wichtige Verhaltensregeln, sodass ein sicherer und für alle Mitfahrer angenehmer Ablauf gewährleistet ist.

- Wir laufen immer zu zweit in einer Reihe. Ältere Kinder nehmen ein jüngeres Kind an die Hand.
- Wir kaufen eine Fahrkarte.
- Wir stehen an den Haltestellen ruhig, ohne zu drängeln und schubsen, und bleiben hinter den Markierungslinien.
- Wir warten hinter der Markierung, bis das Verkehrsmittel angehalten hat.
- Wir lassen erst die Leute aussteigen, bevor wir selbst zügig einsteigen.
- Jedes Kind setzt sich, wenn möglich, auf einen Sitzplatz. Während der Fahrt wird nicht aufgestanden und die Schuhe haben auf dem Sitz nichts zu suchen. Sind nicht genügend Plätze frei, können die älteren Kinder stehen und sich an den Stangen festhalten.
- Wir bieten unseren Sitzplatz Menschen an, die ihn nötiger haben, z. B. alten oder verletzten Personen. Natürlich gehen Sie hier als Erzieherin mit gutem Beispiel voran. Sie dürfen dann aber auch ruhig die größeren Kinder zum Aufstehen animieren.
- Wir unterhalten uns in normaler Lautstärke und schreien nicht herum.
- Wir stehen erst auf, wenn das Verkehrsmittel angehalten hat, und verlassen dieses dann zügig.

TRANSFER IN DEN ALLTAG

Freispiel

Während der Freispielzeit machen Brett- und Kartenspiele zum Thema Verkehr die Kinder mit dem Verhalten im Straßenverkehr vertraut. Spielteppiche mit aufgemalten Straßen, Autos und kleine Verkehrsschilder lassen die Kinder Situationen im Straßenverkehr nachspielen. Auch für den Außenbereich gibt es große Verkehrsschilder, die von den Kindern im Spiel verwendet werden können.
Des Weiteren gibt es zahlreiche Bilder- und Entdeckerbücher zu diesem Thema auf dem Markt.
Als besonderes Highlight können Sie einen Fahrzeug-Tag ins Leben rufen, an dem jedes Kind ein Fahrzeug von zu Hause mitbringen kann, z. B. ein Rutschauto, Laufrad, Fahrrad oder einen Roller. Diese Fahrzeuge dürfen dann von den Kindern z. B. während der Freispielzeit im Garten oder zu einer festgelegten Zeitspanne genutzt werden.

Externe Angebote nutzen

Üblicherweise bietet die örtliche Polizei Verkehrsschulungen für Kindergarten- oder Vorschulkinder an, bei denen Polizisten in den Kindergarten kommen, die Kinder über das Thema Verkehr aufklären und Übungen durchführen.
Auch die deutsche Verkehrswacht bietet Schulungen für Erzieher, Elternabende und Mitmachaktionen zum Thema Kinder im Straßenverkehr an.
Viele örtliche Verkehrsunternehmen bieten zum Thema Mobilitätserziehung spezielle Angebote für Kinder im Vorschulalter rund um die öffentlichen Verkehrsmittel an.

UMGANG MIT FREMDEN

GESCHICHTE: FIRLEFANZ UND DER FREMDE

Die Kinder liefen auf dem Gehsteig entlang, als plötzlich ein Auto neben ihnen anhielt. Der Fahrer, ein kräftiger Mann mit grauem Haar, einer dicken Brille und einem buschigen Schnurrbart, ließ das Fenster herunter und grinste die Kinder an: „Na, ihr süßen Kinderlein, wohin geht ihr denn?", fragte er neugierig.
Firlefanz, dem der Mann irgendwie unsympathisch war, antwortete frech: „Das geht dich überhaupt nichts an, komischer, fremder Brillenmann." „Pah, frecher Rotzbengel", schimpfte der Mann, kurbelte sein Fenster hoch und brauste davon.
Firlefanz erwartete schon, dass er nun von Linda Ärger bekommt, weil er so frech war und dem Mann nicht geantwortet hatte, doch Linda sah überhaupt nicht sauer aus. „Du hast genau richtig reagiert", sagte sie zu dem Kobold. „Wenn uns ein Fremder fragt, wo wir hingehen oder wo wir wohnen oder ob wir bei ihm ins Auto einsteigen oder mit in sein Haus kommen, dann ist unsere Antwort immer ...?"[1]
„Nein!", antworteten die Kinder im Chor. „Genau richtig", bestätigte Linda, „leider gibt es auch böse Menschen, die keine guten Absichten haben und Kindern schaden wollen. Deshalb dürft ihr nie, niemals mit einem fremden Menschen mitgehen. Wenn jemand möchte, dass ihr zu ihm ins Auto einsteigt, sagt entschieden Nein und rennt am besten schnell weg. Und erzählt unbedingt auch euren Eltern von diesem Vorfall."
„War der Mann mit dem Schnurrbart wirklich böse?", fragte Lotti ängstlich. „Das wissen wir nicht", sagte Linda. „Vielleicht wollte er wirklich einfach nur wissen, wo wir hingehen. Aber lieber einmal zu oft vorsichtig sein als einmal zu wenig. Wenn ihr unsicher seid und es nicht mit euren Eltern vorher abgesprochen war, dass ihr bei jemand anderem mitfahren dürft, dann macht ihr es auf keinen Fall."
Firlefanz war ganz mulmig zumute. Ob der Mann wirkliche böse Absichten gehabt hatte? Zum Glück hat er sich abwimmeln lassen und ist schnell wieder weggefahren.

Zurück im Kindergarten schrieb Firlefanz in sein goldenes Büchlein: „Ich gehe NIE mit einem Fremden mit." Dabei schrieb er das Wort NIE in fetten Großbuchstaben und fügte hinzu:

„Sagt ein Fremder: ‚Steig bei mir ein',
ruf ich laut und deutlich NEIN!"[2]

[1] Lassen Sie die Kinder Lindas Frage beantworten.

[2] Besprechen Sie abschließend noch mal die Geschichte und das Verhalten gegenüber Fremden mit den Kindern.

TRANSFER IN DEN ALLTAG

Um mit den Kindern das Thema „Umgang mit Fremden" aufzugreifen, bietet es sich an, ein Bilderbuch zum Thema zu lesen. Hier gibt es eine gute Auswahl mit Inhalten von „Nein-Sagen" bis hin zu „Ich gehe nicht mit einem Fremden mit". Nach dem Vorlesen ist ein Gespräch mit den Kindern über das Thema wichtig und sinnvoll. Hierbei kann das richtige Verhalten nochmals besprochen und Fragen und Ängste der Kinder aufgegriffen werden.

- Machen Sie jedem Kind bewusst, dass Sie (bzw. die Eltern) immer wissen müssen, wo sich das Kind aufhält. In jedem Kindergarten kann es unterschiedliche Situationen geben, in denen sich die Kinder abmelden müssen, z. B. müssen sie Bescheid sagen, wenn sie im Freispiel in die Turnhalle gehen, in den Nebenraum oder in den Garten, oder wenn sie z. B. während des Turnens oder Gartenaufenthalts auf die Toilette gehen. Die Kinder sollen ein Bewusstsein dafür entwickeln, dass ihr Aufenthaltsort von zentraler Bedeutung ist.
- Jagen Sie den Kindern keine Angst vor anderen Menschen ein, machen Sie ihnen aber durchaus bewusst, dass ihnen nicht alle Menschen wohlgesonnen sind. Die Kinder sollen ein Bewusstsein dafür entwickeln, wer „ein Fremder" ist. Sprechen Sie mit den Kindern darüber. So ist es z. B. erlaubt, die Kassiererin im Supermarkt anzusprechen. Eine Nachbarin, die das Kind nach Absprache mit den Eltern vom Kindergarten abholt, ist keine Fremde. Der Mann, der täglich am Kindergarten vorbeiläuft und die Kinder über den Zaun anspricht, allerdings schon.
- Machen Sie den Kindern klar, dass sie keinem (fremden) Erwachsenen helfen müssen, auch wenn er sie darum bittet. Erwachsene können sich Hilfe bei anderen Erwachsenen holen. Besprechen Sie Situationen, in denen ein Kind helfen kann, z. B. der alten Frau im Supermarkt das Kleingeld vom Boden aufheben, und wann man eben nicht helfen muss. Das sind im Zweifelsfall alle Situationen, in denen das Kind allein mit einem Fremden ist.
- Im Umgang mit dem eigenen Körper ist es wichtig, Kindern zu verdeutlichen, was andere dürfen und was nicht. Im Grunde gilt: Kein Fremder darf den Körper des Kindes anfassen.
- Besprechen Sie mit den Kindern, wie sie sich verhalten sollen, wenn sie von einem Fremden angesprochen werden. Das Kind soll nicht reagieren, nicht antworten, nicht seinen Namen sagen, sich umdrehen und gehen oder Hilfe holen. Überlegen Sie Situationen, wo eine Antwort möglich ist und wo die Kinder besser die Flucht ergreifen. Grundsätzlich gilt, sobald sich ein Kind unwohl oder überfordert fühlt, darf es jederzeit die Situation verlassen, Höflichkeit spielt hier keine Rolle.
- Machen Sie den Kindern klar, dass ein Erwachsener ein Kind nie einfach mit sich zerren darf, es grob anfassen oder schlagen darf. Wenn dies jemand tut, ist es immer erlaubt, sich zu wehren. Die Kinder dürfen schreien, schlagen, kratzen oder treten. Sagen Sie den Kindern, dass sie in einer solchen Situation laut werden und so auf sich aufmerksam machen sollen. Besprechen Sie Signalwörter, wie „Nein!", „Stopp!" oder „Hilfe!".
- Erklären Sie den Kindern, an wen sie sich in einer Situation, die ihnen nicht geheuer ist, wenden können. Ist das Kind in Not, darf es andere, auch fremde Erwachsene, ansprechen. Am besten Fremde, die Uniformen tragen, z. B. Polizisten, den Straßenbahnfahrer, den Postboten oder einen Verkäufer. Nennen Sie gute Fluchtorte, z. B. öffentliche Orte, wie Geschäfte oder Restaurants.
- Kinder sollten sich generell von fremden Autos fernhalten. Hält ein Auto bei ihnen, sollen sie einen Sicherheitsabstand schaffen, also nicht an das Auto heran-, sondern davon wegtreten. Natürlich gilt ganz klar die Regel „Ich steige nie zu einem Fremden ins Auto ein".
- Sagen Sie den Kindern auch, dass sie über solche Situationen (in denen ihnen unwohl war) immer mit ihren Eltern oder einer Vertrauensperson reden müssen. Auch Geheimnisse dürfen Kinder erzählen, wenn sie diese belasten. Dies betrifft insbesondere auch belastende Geheimnisse mit Vertrauenspersonen, denn nach wie vor ist es so, dass Missbrauch am ehesten im vertrauten Umfeld des Kindes entsteht.

Einkaufen

Geschichte: Firlefanz geht einkaufen

Im Morgenkreis erklärte Linda, dass sie heute mit einigen Kindern zum Einkaufen gehen will. Firlefanz wollte unbedingt mit.
Linda überlegte. Bestimmt würde der Kobold wieder einmal für Chaos sorgen und im Supermarkt war es besonders wichtig, sich gut zu benehmen. „Na gut, du darfst mitkommen", sagte sie schließlich, „aber benimm dich. Wir kaufen nur, was auf meinem Einkaufszettel steht. Du fasst nichts an und bringst nichts durcheinander." „Klarifari!", antwortete der Kobold.
Wenig später betraten Linda, Theo, Amelie, Lotti und Firlefanz den Supermarkt.
Die Kinder kauften in der Obst- und Gemüseabteilung Gurken, Tomaten und Äpfel und Firlefanz durfte einige Kirschen einpacken. „Nicht mit den Händen nehmen", ermahnte Linda den Kobold, der gerade zugreifen wollte. „Niemand möchte etwas kaufen, dass andere Leute schon angefasst haben." Sie gab Firlefanz eine kleine, silberne Schaufel, mit der er die Kirschen in die Tüte befördern konnte.
Der Kobold war beeindruckt von den vielen Leckereien. Ein Fach mit Lollis im Süßwarenregal erweckte Firlefanz' Aufmerksamkeit. Bestimmt würde ihm Linda nicht erlauben, einen Lolli mitzunehmen, schließlich stand er nicht auf der Liste. Aber er wollte ihn doch so gerne. Firlefanz wartete, bis Linda nicht zu ihm schaute, und stopfte sich kurzerhand den Lolli in seine Hosentasche. „He, was machst du da? Leg das sofort wieder zurück", zischte Theo, der plötzlich neben Firlefanz stand. „Meins, meins, meins!", protestierte der Kobold und verschränkte die Arme vor der Brust. „Es ist nicht deins. Wenn du dir im Laden etwas nimmst, musst du es an der Kasse bezahlen. Erst dann gehört es dir. Einfach etwas mitnehmen, das ist stehlen. Dann bist du ein Dieb, Firlefanz!", sagte Theo ernst. „Oh nein, oh nein, oh nein, ein Dieb will ich nicht sein", sagte Firlefanz und legte den Lolli schnell ins Regal zurück. „Alles in Ordnung bei euch?", erkundigte sich Linda. „Alles gut", antwortete Theo und zwinkerte Firlefanz zu. „Danke, dass du mich nicht verraten hast", flüsterte der Kobold seinem Freund zu. „Kein Problem. Aber versprich mir, dass du nie wieder einfach etwas einsteckst." Firlefanz gab sein Versprechen und packte von nun an nur noch Dinge in den Einkaufswagen, die Linda von ihrer Liste vorlas.
Schließlich hatten sie alles zusammen, was sie für das gemeinsame Frühstück benötigten, und stellten sich an der Kasse in der Schlange an. Ungeduldig hüpfte der kleine Kobold auf der Stelle. „Warum dauert das denn so lange?" „Wir müssen uns anstellen und warten, bis wir an der Reihe sind", erklärte Linda. Schließlich konnten die Kinder ihre Einkäufe auf das Kassenband legen. Firlefanz half eifrig mit.
Während Linda die Einkäufe bezahlte, beobachtete Firlefanz eine alte Dame, die gerade an der gegenüberliegenden Kasse ihre Einkäufe in ihrem Gehwagen verstaute. Dabei rutschte ihr eine Kiste mit Orangen aus der Hand und die Früchte kullerten in alle Richtungen über den Boden. Sofort flitzte Firlefanz los, sammelte in Windeseile die Orangen ein und legte sie zurück in die Kiste.
„Vielen Dank, mein Kleiner", sagte die alte Frau. „Schön, dass es heutzutage noch so hilfsbereite Kinder gibt." „Ein Kind bin ich ja eigentlich nicht", kicherte Firlefanz, „immerhin bin ich ja schon viele Jahre alt." „Trotzdem danke", sagte die alte Frau noch mal und auch Linda lobte den kleinen Kobold für seine Hilfsbereitschaft. „Du hast dich heute wirklich gut benommen", bemerkte Linda.
Firlefanz bekam sofort ein schlechtes Gewissen wegen der Sache mit dem Lolli. Aber in Zukunft würde er ganz bestimmt nie wieder einfach etwas einstecken. Zurück im Kindergarten schrieb Firlefanz noch einen Spruch in sein Buch:

„Im Supermarkt gibt's viele Sachen,
die lecker sind und Freude machen.
Ich kaufe viele Dinge ein
und akzeptiere auch ein Nein,
wenn andere mir sagen,
ich kann nicht alles haben."

Dann fügte er noch hinzu:

„Ich stell mich an der Kasse an,
dann komm ich sicher auch bald dran."[1]

[1] Wiederholen Sie mit den Kindern die Regeln beim Einkaufen und ergänzen Sie eigene Regeln, die die Kinder kennen.

SPIELE UND ÜBUNGEN

Richtig oder falsch

Lesen Sie den Kindern die Sätze vor und lassen Sie die Kinder bestimmen, ob die Aussage richtig oder falsch ist. Besprechen Sie anschließend die richtige Antwort.

- Alle Sachen, die ich kaufen möchte, muss ich bezahlen, bevor ich sie mit nach Hause nehmen darf. (richtig)
- Ich stelle mich in der Schlange an der Kasse an und warte, bis ich an der Reihe bin. (richtig)
- In einer Bäckerei kann man z. B. Brot, Brötchen und Kuchen kaufen. (richtig)
- In einer Metzgerei kann man Blumen kaufen. (falsch)
- Im Supermarkt schreie ich nicht herum, um andere Personen nicht zu stören. (richtig)
- In der Obst- und Gemüseabteilung fasse ich nur die Sachen an, die ich später kaufe. (richtig)
- Im Supermarkt oder Geschäft darf ich herumrennen. (falsch)
- Wenn ich etwas aus der Tiefkühltheke nehme, muss ich diese wieder gut schließen. (richtig)
- Wenn ich etwas aus meinem Einkaufswagen doch nicht kaufen möchte, lege ich es irgendwo in ein freies Regal zurück. (falsch)
- Auf einem Kassenzettel steht, was ich gekauft habe und wie viel es kostet. (richtig)
- Die Kassiererin darf ich auf keinen Fall ansprechen. (falsch)
- Um einen Einkaufswagen zu bekommen, muss ich einen 5-Euro-Schein in den Schlitz am Griff hineinstecken. (falsch)

TRANSFER IN DEN ALLTAG

- Wissen und Fähigkeiten rund ums Thema Einkaufen lernen die Kinder natürlich am besten, wenn Sie regelmäßig mit ihnen in einer Kleingruppe zum Einkaufen gehen, z. B. wenn Sie Besorgungen für den Kindergarten tätigen.
  Besprechen Sie vorab, was gekauft werden soll, und besprechen Sie wichtige Regeln, welche die Kinder unterwegs und im Laden beachten sollen.
- Beziehen Sie die Kinder beim Einkauf aktiv mit ein. Die Kinder können helfen, Pfandflaschen zurückzugeben, einen kleinen Einkaufswagen schieben, die Waren suchen und in den Wagen legen, die Einkäufe auf das Kassenband schlichten oder auch bezahlen.
- Im Freispiel dient der gute, alte Kaufladen als vielfältiges Lernfeld für die Kinder rund um das Thema Lebens- und Verbrauchsmittel, Einkaufen und Umgang mit Geld. Des Weiteren gibt es zahlreiche Brettspiele, die das Thema Einkaufen aufgreifen.

NATUR UND UMWELT

GESCHICHTE: FIRLEFANZ LIEBT DIE NATUR

Heute war ein Ausflug in den nahe gelegenen Wald geplant. Darauf freute sich Firlefanz sehr, denn der Wald war ursprünglich einmal sein zu Hause. Alle Kobolde werden im Wald geboren und leben dort eine Weile, bevor sie sich schließlich ein Haus suchen, in dem sie heimisch werden. Firlefanz konnte sich noch gut an seine Zeit im Wald erinnern und freute sich darauf, dort vielleicht alte Freunde wiederzutreffen.

Im Morgenkreis wiederholte Linda mit den Kindern die Regeln, die für den Aufenthalt in der Natur und im Wald wichtig waren.[1] Die Kinder wussten, dass die Natur sehr wertvoll ist und man verantwortungsvoll mit ihr umgehen muss und dass jedes Tier und jedes noch so kleine Insekt ein Lebewesen ist, das man achten sollte. Schnell hatten die Kinder alle Regeln zusammengetragen: „Wir schreien im Wald nicht herum, um die Tiere nicht zu stören oder zu erschrecken." „Wir achten darauf, dass wir im Wald keinen Müll zurücklassen." „Wir brechen keine Zweige von den Bäumen ab." „Wenn wir Tiere einsammeln, gehen wir vorsichtig mit ihnen um und lassen sie wieder dort frei, wo wir sie aufgesammelt haben."

Firlefanz war begeistert, dass sich die Kinder so gut auskannten und mit seinem einstigen Zuhause so verantwortungsvoll umgingen.

Als alle Regeln besprochen waren, machte sich die Gruppe auf den Weg. Die Kinder hatten im Wald einen Lieblingsplatz, eine schöne Lichtung zwischen großen Bäumen, wo sie mit den Schätzen der Natur spielen und bauen, Tiere beobachten oder gemütlich picknicken konnten. Auch heute führte sie ihr Weg zu dieser Lichtung. Doch als die Gruppe dort ankam, blieb sie erschrocken stehen.

„Was ist denn hier passiert?", rief Felix erschrocken und ließ seinen Blick über die Lichtung schweifen. Die sonst so friedliche Lichtung sah verwüstet und verdreckt aus. Von den Bäumen hingen abgebrochene Zweige herunter, auf dem Boden lagen vertrocknete Blumen und Pflanzen. Der kleine Steinhügel und das Tipi aus Stöcken, die die Kinder bei ihrem letzten Besuch gebaut hatten, waren zerstört und der Waldboden war übersät mit allerlei Müll und Unrat.

„Ach herrje! Da hat sich aber jemand ganz schlecht benommen", schimpfte Linda wütend. „Wer hat unseren schönen Platz so verwüstet?", fragte Lotti, doch keiner konnte ihr eine Antwort geben.

Plötzlich vernahm Firlefanz eine vertraute Stimme. „He, Firlefanz, bist du das?" Als sich der kleine Kobold umblickte, entdeckte er seinen alten Freund Kasimir, einen jungen Kobold mit neongelben Haaren. „Hallo, Kasimir, lange nicht gesehen. Wie geht's, wie steht's?", fragte Firlefanz seinen Freund. Die Kinder schauten Firlefanz überrascht an. „Mit wem redest du da?", fragte Amelie verwundert. „Das ist mein alter Freund Kasimir", antwortete Firlefanz und deutete auf den Kobold. „Hä? Was?", fragte Felix verständnislos, denn dort wo Firlefanz hindeutete, konnte er nichts weiter als ein paar Sträucher erkennen. „Es heißt nicht ‚Was?', sondern ‚Wie bitte?'", korrigierte Theo, „aber ich kann auch niemanden sehen." „Ach, klarifari. Kasimir ist für euch ja unsichtbar. Hey, Kasimir, kannst du dich bitte mal für die Kinder sichtbar machen?" Es ertönte ein lauter Knall wie auch bei Firlefanz' Ankunft im Kindergarten und plötzlich erschien eine grau glitzernde Rauchwolke, aus der ein Kobold heraussprang, der noch ein ganzes Stück kleiner war als Firlefanz und dessen Haare ebenso wild abstanden und leuchteten, nur eben in neongelb.

Firlefanz forderte seinen Freund auf, sich einmal bei den Kindern vorzustellen, woraufhin dieser wilde Grimassen schnitt und rief: „Hehe-ho, wie geht's denn so?" Die Kinder lachten und Firlefanz wurde klar, dass sein Freund ja keine Ahnung hatte, wie man sich richtig vorstellte. Er selbst hatte es ja erst vor Kurzem gelernt. Deshalb machte Firlefanz die Begrüßung vor und sagte seinen Satz: „Hallo, ich heiße Firlefanz. Ich bin ein Kobold und schon viele Jahre alt." Kasimir verstand und sagte: „Hallo, ich heiße Kasimir. Ich bin ein Kobold und noch nicht so viele Jahre alt." Er reichte allen Kindern die Hand und die Kinder riefen im Chor: „Hallo, Kasimir."

„Kannst du uns sagen, was hier passiert ist?", fragte Theo den jungen Kobold. Dieser nickte: „Gestern war hier auf der Lichtung eine Familie. Die Kinder haben wild herumgetobt, sie haben wahllos Blumen, Pflanzen und Äste abgerissen, ihren Müll herumgeschmissen und alles zerstört. Sie haben sogar meine Höhle kaputt gemacht", erklärte Kasimir und deutete auf den Platz, an dem sich ursprünglich der große Steinhaufen der Kinder befunden hatte. Dabei füllten sich seine Augen mit Tränen und er ließ traurig die Schultern hängen.

„Wir helfen dir, dein zu Hause wiederaufzubauen", schlug Theo vor und alle Kinder stimmten sofort zu. Die Kinder teilten sich in Gruppen auf und machten sich an die Arbeit. Eine Gruppe zog sich Handschuhe an, sammelte den Müll vom Boden auf und warf ihn in eine Plastiktüte, die Linda ihnen zur Verfügung stellte. Eine andere Gruppe baute das Tipi wieder auf und die letzte Gruppe trug die Steine zusammen und baute daraus eine neue Höhle für Kasimir. Auf den Boden legten sie die vertrockneten Blumen und Pflanzen, sodass es Kasimir schön weich hatte. So erfüllten sie zumindest noch einen Zweck. „Hehe, supidupi", sagte Kasimir, als die Kinder fertig waren. „Bei den Menschen heißt das ‚Danke'", flüsterte Firlefanz seinem Freund zu. „Das ist ein Zauberwort und die Menschen hören es immer gerne. Genauso wie ‚bitte' und ‚Entschuldigung'." „Ach so, na dann", sagte Kasimir: „Supidupidankebitteundentschuldigung." Die Kinder lachten. „Gern geschehen, Kasimir", antworteten sie.

Inzwischen war es Zeit, zurück in den Kindergarten zu gehen, und Firlefanz und die Kinder verabschiedeten sich von dem jungen Kobold. „Tschüss, Kasimir", riefen sie und winkten fröhlich. „Tschüss, Firlefanz. Tschüss, Kinder", erwiderte Kasimir. Er erhob ebenso wie die Kinder seine Hand und wedelte damit durch die Luft. „Und supidupidankebitteundentschuldigung", rief er den Kindern nach, als sie die Lichtung verließen.

Auf dem Heimweg überlegte sich Firlefanz ein kleines Sprüchlein, das er später in seinem goldenen Büchlein vermerkte:[2]

„Die Natur ist wunderschön,
drum wollen wir gut mit ihr umgehen.
Und jedes Tier, ist's noch so klein,
soll von uns geachtet sein.
Natur und Tiere wollen wir schützen,
denn sie können uns viel nützen."

[1] Fragen Sie die Kinder, welche Regeln sie schon kennen, die im Wald oder in der Natur wichtig sind.

[2] Lassen Sie die Reimwörter des Spruches ergänzen.

Regeln in der Natur

Um den Kindern Respekt und Achtung vor unserer Umwelt zu vermitteln, sollten Sie vor Exkursionen in die Natur gewisse Regeln mit den Kindern besprechen und auf deren Einhaltung Wert legen. Die hier aufgeführten Regeln bieten Ihnen eine Übersicht. Sie dienen sowohl der Sicherheit der Kinder als auch dem Natur- und Umweltschutz.

Sicherheit

- Beim Laufen gehen wir nur so weit voraus oder hinterher, dass wir die Erzieherin noch sehen und hören können.
- Wir warten an festgelegten Haltepunkten, bis alle da sind.
- Auch beim freien Spiel in der Natur muss eine Erzieherin immer in Hör- und Sichtweite sein.
- Wir klettern nicht auf Holzstapel oder Hochsitze.
- Wir rennen nicht, wenn wir einen Stock in der Hand haben.
- Wir nehmen nichts in den Mund. Pilze, Pflanzen und Waldfrüchte können giftig sein oder Krankheiten übertragen.
- Wir trinken kein Wasser aus fremden Gewässern.
- Wir fassen keine toten Tiere, Tierkot oder Pilze an.
- Vor der Rast waschen wir unsere Hände.

Umwelt

- Im Wald und in der Natur wird nichts zurückgelassen, was dort nicht hingehört.
- Besonders nach Rastpausen achten wir darauf, dass wir Dosen und Flaschen wieder einpacken und kein Müll liegen bleibt. Dieser wird mit nach Hause genommen und dort im Mülleimer entsorgt.
- Wir bleiben auf den Wegen und verlassen die abgesprochenen Spielflächen nicht.

Pflanzen

- Wir nutzen nur Äste vom Boden und brechen keine Zweige von lebenden Bäumen ab.
- Wir beschädigen nicht die Rinde von Bäumen.
- Wir pflücken Waldfrüchte nur nach vorheriger Absprache. Im Kindergarten waschen wir diese gründlich, bevor wir sie verzehren dürfen.
- Wir zertreten mutwillig keine Pflanzen, Blumen und Pilze.
- Wir reißen keine Blätter, Pflanzen und Blumen sinnlos ab.
- Für Spiele und Aktionen verwenden wir nur kleine Mengen an Pflanzen und Blumen und achten darauf, dass in der Natur genug zurückbleibt.

Tiere

- Wir schreien nicht herum, um die Tiere nicht zu stören oder zu erschrecken.
- Wir beschädigen keine Tierbauten, wie Ameisenhügel, Mäuselöcher oder Vogelnester.
- Gefundene Tierchen nehmen wir vorsichtig auf und gehen behutsam mit ihnen um.
- Eingefangene Tiere lassen wir nach kurzer Zeit wieder dort frei, wo wir sie gefunden haben.
- Tote oder offensichtlich kranke oder verletzte Tiere fassen wir nicht an.
- Wenn uns Hunde entgegenkommen, bleiben wir ruhig stehen. Wir schauen dem Hund nie direkt in die Augen. Wir strecken unsere Hand nicht nach dem Hund aus und streicheln ihn nicht. Wenn uns ein Hund beschnuppert, bleiben wir ruhig, vermeiden hektische Bewegungen und schreien nicht.

SPIELE UND ÜBUNGEN RUND UMS THEMA MÜLL

Ein wichtiger Beitrag zum Umweltschutz ist das Thema „Mülltrennung". Durch die folgenden Bewegungsspiele (die Sie für eine komplette Turnstunde verwenden können) lernen die Kinder auf aktive und spielerische Art und Weise, wie der Müll richtig getrennt wird.
Achten Sie auch im Kindergarten darauf, dass verschiedene Mülleimer vorhanden sind und die Kinder ihren Müll dort richtig einsortieren.

Material für die Bewegungsstunde

- 4 (verschiedenfarbige) Mülleimer, die mit Symbolkärtchen markiert sind
- ein großer Müllsack
- Materialien für den Aufbau einer Parcoursstrecke, z. B. Hütchen, Seile, Reifen
- verschiedene Abfälle aus den vier Bereichen
- mehrere Seile
- Abspielgerät und Entspannungsmusik

Papier, z. B.: Papierreste, Zeitung, Prospekte, Bierdeckel, Pappkartons, Briefumschläge, Eierkartons, Einkaufszettel, Geschenkpapier
Plastik, z. B.: Joghurt-Becher, Tetra-Paks, Getränkepäckchen, Alufolie, Shampoo-Flaschen, Chipstüten, Styropor, Dosen, Klarsichtfolie
Restmüll, z. B.: Taschentücher, Zahnbürsten, Schwämme, Luftballons, Watte, Filz- und Buntstifte, Fotoabzüge, Gummihandschuhe, Backpapier, Kerzenreste, Pflaster
Biomüll, z. B.: Zweige, Kastanien, Blätter, Zapfen, Teebeutel

Möchten Sie auch die Komponenten Obst und Gemüseabfälle ins Spiel bringen, können Sie Spielobst aus der Puppenecke verwenden (denn echte Abfälle sind unhygienisch).

Müll sortieren im Kreis

So geht es

Setzen Sie sich mit den Kindern in einen großen Kreis auf den Boden. Stellen Sie die vier Mülleimer in die Kreismitte und verteilen Sie drum herum die Abfälle. Besprechen Sie nun mit den Kindern, welcher Mülleimer für welche Art von Abfall steht.
Nun darf sich jedes Kind der Reihe nach einen Gegenstand nehmen und in den passenden Mülleimer werfen. Wählt ein Kind den falschen Eimer, weisen Sie es darauf hin und überlegen gemeinsam, welches der richtige Eimer ist.
Sind alle Abfälle in den richtigen Mülleimern gelandet, ist das Spiel beendet.

Mülltrennung

So geht es

Verteilen Sie die Abfälle großflächig im Turnraum. Teilen Sie die Kinder in vier Mannschaften auf. Jede Mannschaft erhält einen leeren Mülleimer und stellt sich mit diesem in eine Ecke des Raumes. Sobald Sie das Startsignal geben, ist es die Aufgabe der Kinder, den Müll einzusammeln, der in ihren Mülleimer gehört. Alle Kinder, die dem blauen Mülleimer zugeordnet sind, sammeln also z. B. den Papiermüll ein. Ist der gesamte Müll aufgesammelt, treffen Sie sich mit den Kindern im Kreis. Nun darf jede Mannschaft der Reihe nach zeigen, was in ihrem Mülleimer gelandet ist. Befindet sich ein falscher Gegenstand im Eimer, wird gemeinsam überlegt, welches der richtige Eimer ist, und der Gegenstand wird dort entsorgt.
Für die zweite Runde verteilen Sie den Müll erneut im Raum und jede Mannschaft erhält einen anderen Eimer. Das Spiel beginnt von vorn.
Spielen Sie mindestens vier Runden, sodass jede Mannschaft jeden der vier Mülleimer einmal befüllt hat. Im Laufe der Zeit werden die Kinder immer sicherer, welcher Müll in welchen Eimer gehört.

Variation

Alle Kinder helfen gemeinsam, den Müll in die vier Mülleimer zu verteilen. Am Ende kontrollieren Sie, wie viele Dinge im falschen Eimer gelandet sind. Ist es möglich, in der nächsten Runde weniger Fehler zu machen?

Müllmonster

So geht es

Die Kinder sitzen im Kreis auf dem Boden. Ein Kind wird ausgewählt und zum Müllmonster bestimmt. Dieses darf sich einen Gegenstand aus den Mülleimern aussuchen. Mit diesem läuft es nun um den Kreis herum. Irgendwann wirft das Müllmonster den Müll achtlos hinter einem Kind auf den Boden, sodass möglichst ein Geräusch entsteht. Hört dieses Kind den Müll hinter sich zu Boden fallen, muss es aufstehen und versuchen, das Müllmonster einzuholen, bevor dieses einmal im Kreis herumrennen und den leeren Platz einnehmen konnte. Wird das Müllmonster gefangen, muss dieses es bei einer weiteren Runde erneut versuchen. Schafft es das Müllmonster zuerst auf den freien Platz oder merkt das Kind nicht, dass der Müll hinter ihm liegt, bis das Müllmonster wieder hinter ihm steht, hat das Monster gewonnen und das Kind nimmt in der nächsten Runde seine Rolle ein. Es muss den Müll zurück in den Eimer bringen und darf sich einen neuen Gegenstand aussuchen.

Unterwegs auf der Müllhalde

So geht es

Verteilen Sie den Müll auf dem Boden des Turnraums. Die Kinder dürfen sich nun frei zur Musik im Raum bewegen, um den Müll herumlaufen, darüber, springen usw.
Bei Musikstopp rufen Sie eine Kategorie (Papier, Plastik, Bio oder Restmüll). Die Kinder müssen sich nun zu einem Gegenstand stellen, der zu dieser Kategorie gehört. Sobald die Musik wieder einsetzt, dürfen die Kinder weiterlaufen.

Variation

Nennen Sie eine Fortbewegungsart, in der sich die Kinder zu Musik zwischen dem Müll bewegen sollen, z. B. rennen, rückwärtslaufen, schleichen, auf allen vieren krabbeln, auf einem Bein hüpfen, über den Müll springen, Zehenspitzengang etc.

Müllabfuhr

So geht es

Bauen Sie im Raum je nach Kinderzahl eine oder zwei Parcoursstrecken auf. Diese können verschiedene, einfache Hindernisse enthalten, z. B. eine enge Gasse aus zwei Seilen zum Durchlaufen, Hütchen zum Slalomlaufen oder Holzstäbe zum Darübersteigen. Am Ende der Strecke stehen die vier Mülleimer nebeneinander. An der Startlinie legen Sie zwischen den beiden Mannschaften den Müll auf den Boden. Die Kinder stellen sich am Start hintereinander auf. Beim Startsignal darf sich das erste Kind jeder Mannschaft einen Gegenstand nehmen, diesen durch den Parcours transportieren und am Ende in den passenden Mülleimer werfen. Sobald der Müll im Eimer ist, kann das nächste Kind der Mannschaft starten.
Stellen Sie sich bei diesem Spiel hinter die Mülleimer und korrigieren Sie die Kinder gegebenenfalls, falls die den Müll in einen falschen Eimer werfen wollen.
Ist jedes Kind einmal gelaufen, wird eine neue Fortbewegungsart festgelegt, z. B. kann der Müll auf der Handfläche oder dem Handrücken transportiert werden, im Vierfüßlergang auf dem Rücken oder im Krebsgang auf dem Bauch.
Ist der gesamte Müll in den Eimern, ist das Spiel beendet.

Müll-Mandala

So geht es

Legen Sie aus Seilen einen großen Kreis in die Mitte des Raumes und unterteilen Sie diesen ebenfalls durch Seile in vier Teile. Stellen Sie an den Rand eines jeden Viertels einen Mülleimer, der aufzeigt, welcher Müll in dieses Abteil gehört. Verteilen Sie den Müll großflächig um den Kreis.
Spielen Sie leise Entspannungsmusik ab.
Die Kinder haben nun die Aufgabe, den Müll einzusammeln und in den richtigen Kreisabschnitt zu legen. Dabei darf nicht gesprochen werden.
Sieht ein Kind, das ein Gegentand im falschen Abteil liegt, darf es diesen wortlos umlegen. Ist der gesamte Müll im Kreis, betrachten Sie gemeinsam mit den Kindern ihr „Müll-Mandala" und korrigieren ggf. noch falsche Gegenstände.
Zum Abschluss können sich die Kinder hinter dem Kreis aufstellen und Sie machen ein Foto der Kinder mit dem Müll-Mandala (für das Portfolio) als Erinnerung an die Bewegungsstunde.

VORLAGE SYMBOLSCHILDER FÜR DIE MÜLLEIMER

GESCHICHTE: FIRLEFANZ VERABSCHIEDET SICH

Firlefanz saß mit Linda und den Kindern im Stuhlkreis. Heute hatte er sein neues, kariertes Hemd angezogen, denn es gab einen besonderen Anlass. Er wollte der Kindergartengruppe etwas Wichtiges mitteilen, deshalb meldete er sich und wartete, bis Linda ihn aufrief. „Liebe Kinder, ich muss mich heute von euch verabschieden. Die Zeit bei euch hat mir viel Spaß gemacht und ich habe so viel gelernt. Dafür möchte ich mich bei euch bedanken. Mein goldenes Büchlein ist bis auf die letzte Seite gefüllt und jetzt ist es an der Zeit, dass ich mich wieder unsichtbar mache. Ich muss mich erst mal erholen und alles verarbeiten, was ich bei euch Neues lernen durfte."

Firlefanz blickte in die traurigen Gesichter der Kinder und auch Linda wirkte wehmütig. „Schade, dass du uns wieder verlässt", sagte sie. „Es war eine sehr schöne Zeit mit dir und es hat mich sehr gefreut, dass du dich so gut benommen hast und dir so viel Mühe gegeben hast, alle unsere Regeln zu lernen. Du bist ein wirklich toller Kobold und ich bin stolz auf dich. Du bist bei uns jederzeit willkommen."

Firlefanz freute sich über Lindas großes Lob und lächelte verlegen. „Ich bin ja nicht wirklich weg", sagte er, „der Kindergarten ist für immer mein Zuhause. Ich bin immer da, nur eben wieder unsichtbar. Und ich werde euch bestimmt bald wieder besuchen. Bestimmt könnt ihr mir noch ganz viele Dinge beibringen. Aber nun mache ich erst mal eine kleine Pause."

„Aber du kommst bald wieder zurück?", vergewisserte sich Lotti. „Großes Koboldehrenwort", sagte Firlefanz feierlich und blickte Lotti dabei fest in die Augen. Er erinnerte sich an die erste Regel, die er in sein goldenes Büchlein geschrieben hatte: „Versprcchen ist versprochen", sagte er und die Kinder ergänzten im Chor: „Und wird auch nicht gebrochen." Firlefanz stand auf, schaute Linda an und reichte ihr die Hand: „Auf Wiedersehen, Linda." Die Erzieherin lächelte und schüttelte die Hand des kleinen Kobolds. „Tschüss, Kinder", rief Firlefanz in die Runde und winkte seinen Freunden zu. Dann ertönte ein lauter Knall und kurz darauf war nur noch eine grau glitzernde Rauchwolke zu sehen, in der Firlefanz verschwunden war.

Die Kinder waren noch immer ein wenig traurig, dass der Kobold nun weg war, doch sie erinnerten sich gerne an die Zeit mit ihm und sie freuten sich schon, wenn er wieder zu Besuch kommen würde. Zum Abschied sprachen die Kinder gemeinsam einen Spruch, den sie für den Kobold gedichtet hatten: „Tschüss, Firlefanz, du kleiner Wicht. Vergiss uns bitte niemals nicht. Wir haben dir viel beigebracht, mit dir gelernt und auch gelacht. Wir sind nicht traurig, wollen nicht weinen, dank dir können wir nun gut reimen. Die Zeit mit dir war wunderbar, wir sehen uns wieder, das ist klar." Und als die Kinder ihren Vers beendet hatten, hörten sie aus der Ferne ein leises „Klarifari" gefolgt von einem Kichern.[1]

[1] Am Ende können Sie gemeinsam mit den Kindern die Erlebnisse mit Firlefanz nochmals Revue passieren lassen. Woran können sich die Kinder noch erinnern? Welche Geschichte hat ihnen besonders gut gefallen? Welche Sprüche/Reime konnten sie sich merken?

NACHWORT

Fit für den Alltag – fit fürs Leben

Alltagsfertigkeiten, gutes Benehmen, soziale Umgangsformen. Bei Eltern und Erzieherinnen kommt schnell der Gedanke auf, dass die Erziehungsarbeit in diesen Bereichen doch tagtäglich ganz nebenbei geschieht. Das machen wir doch sowieso. Ist es wirklich nötig, hier einmal genauer hinzuschauen? Die Antwort lautet ja, wenn man einmal betrachtet, wo, wann und wie in der Familie und in der Kita der Alltag stattfindet.

Die Lebenswelt von Familien hat sich in den letzten Jahren stark gewandelt. Wie viel Zeit bleibt Eltern im Alltag wirklich, um dem Kind alltägliche Fähigkeiten beizubringen? Oft sind beide Eltern berufstätig, wodurch die gemeinsam mit dem Kind verbrachte Zeit eingeschränkt ist. Kinder besuchen heute meist schon viel früher und auch länger eine Kindertagesstätte. Die freie Zeit des Kindes außerhalb der Kita wird gefüllt mit zahlreichen externen Angeboten. Die Eltern chauffieren ihre Kinder von A nach B, vom Turnverein zur Musikschule, von der Zeichengruppe zum Ballett, vom Sprachkurs zur Therapie. Die freie Zeit am Wochenende wird genutzt, um mit den Kindern besondere Highlights zu erleben und Ausflüge zu unternehmen. Freizeitstress, schon bei den Kleinsten, ist dadurch heutzutage keine Seltenheit und lässt die normale Alltagszeit auf ein Minimum schrumpfen.

Auch in der Kita leidet der Alltag unter der Flut an Erziehungs- und Bildungsansprüchen, die an Kinder im vorschulischen Bereich gestellt werden. Schon auf die Kleinen wartet ein regelrechter Lehrplan, der zahlreiche Bereiche, wie Naturwissenschaft, Mathematik, Sprache, Musik, Kreativität und vieles mehr fordert. Pädagogen geben sich die größte Mühe, den Kindern durch verschiedenste Angebote und Projekte Erfahrungs- und Lernmöglichkeiten in allen Bereichen anzubieten. Wo bleibt da die Zeit für die alltäglichen Dinge des Lebens?

Vielleicht fragen Sie sich auch, ob es nicht die Aufgabe der Eltern ist, Kinder in diesen grundlegenden Bereichen fit zu machen. Eltern sind die wichtigsten Bezugspersonen, wenn es um die Erziehung und Bildung der Kinder geht und es gehört definitiv zu ihrem Erziehungsauftrag, den Kindern grundlegende Verhaltensweisen und Fähigkeiten beizubringen. Jedoch gibt es viele Faktoren, die dem im Wege stehen. Die oben genannte Lebenssituation der Familien, andere oder fehlende Kenntnisse oder Vorstellungen von Migrationsfamilien oder einfach Rat- und Hilflosigkeit. Eltern brauchen in diesem Erziehungs- und Bildungsfeld Unterstützung. Und gerade durch die immer längeren Betreuungszeiten der Kinder in der Kita nimmt ebendiese und somit auch Sie als Pädagogin einen wichtigen Stellenwert ein, wenn es darum geht, den Kindern Alltagskompetenzen zu vermitteln.

Alltagsfähigkeiten, Sozialkompetenz und gute Umgangsformen, das sind die Bereiche, die dazu beitragen, dass Kinder in ihrem Alltag gut zurechtkommen und im sozialen Miteinander stilsicher und angemessen agieren können. Sie tragen entscheidend zur Persönlichkeitsentwicklung der Kinder bei. Auch in der (Grund-)Schule steht das geistige Lernen und die Wissensaneignung im Vordergrund. Ein Schulfach „Lebens- oder Sozialkompetenz" gibt es nicht. Dabei gehören diese Bereiche definitiv dazu, um die Kinder fit fürs Leben zu machen. Worauf wird später beim Vorstellungsgespräch Wert gelegt? Ist es wichtig, als Bewerber geschichtliche Daten zu kennen oder ein Instrument spielen zu können? In den meisten Fällen nicht. Was sich aber immer positiv auswirkt und gerade für den ersten Eindruck entscheidend ist, ist das Auftreten. Selbstsicherheit, ein fester Händedruck, ein offener Blick, Dialogfähigkeit und höfliches Benehmen. Damit kann man punkten.

Gutes Benehmen hat nichts von seiner Aktualität verloren und beinhaltet viel mehr als steife Benimmregeln. Es geht um Handlungskompetenz, Sozialkompetenz, Wertevermittlung und Lebenskompetenz. Es geht um ein positives Auftreten, um stil- und selbstsicheres Verhalten, um das sinnbegreifende Akzeptieren von Regeln, das konstruktive Lösen von Konflikten, das Erkennen von Vorurteilen und um viele weitere, essenzielle Themen.

Erziehen und bilden Sie den Erwachsenen von morgen, frei nach dem Motto „Fit im Alltag – fit fürs Leben". Ich hoffe, das Buch unterstützt Sie auf diesem Weg.

Ihre Sabine Gottschalk